Herausgegeben von Max Otte

Max Wirth

Die Hebung der arbeitenden Klassen durch Genossenschaften und Volksbanken

Herausgegeben
von
MAX OTTE

Die Hebung der arbeitenden Klassen durch Genossenschaften und Volksbanken

Eine Anleitung zur Gründung von Genossenschaften aller Art

FBV

Max Wirth

Bibliografische Information der Deutschen Nationalbibliothek
Die Deutsche Nationalbibliothek verzeichnet diese Publikation in der Deutschen Nationalbibliografie.
Detaillierte bibliografische Daten sind im Internet über **http://dnb.d-nb.de** abrufbar.

Für Fragen und Anregungen:
wirth@finanzbuchverlag.de

1. Auflage 2013

ein Imprint der Münchner Verlagsgruppe GmbH
Nymphenburger Straße 86
D-80636 München
Tel.: 089 651285-0
Fax: 089 652096

Die Hebung der arbeitenden Klassen durch Genossenschaften und Volksbanken von Max Wirth erschien zuerst 1865 (Bern: Verlag der J. Dalpschen Buchhandlung). Der Text wurde in Orthografie und Zeichensetzung behutsam heutigen Gewohnheiten angeglichen.

Satz: Georg Stadler, München
Druck: GGP Media GmbH, Pößneck

ISBN Print 978-3-89879-794-8
ISBN E-Book (PDF) 978-3-86248-426-3

Inhaltsverzeichnis

Vorwort von Prof. Dr. Max Otte

Zu Beginn der genossenschaftlichen Bewegung schrieb Max Wirth im Jahr 1865 sein Büchlein *Die Hebung der arbeitenden Classen durch Genossenschaften und Volksbanken.* Liest man die Einleitung, sind seine Gedanken noch so aktuell wie heute. Auch damals schwappte eine Finanzkrise von den USA nach Europa über und verursachte viel Not und Elend bei Mittelstand, Handwerk und Landwirtschaft. Schon alleine deshalb ist es lesenswert. Max Wirth war der Sohn des großen Demokraten und Mitorganisators des Hambacher Festes Johann Georg August Wirth. Zudem war er der erste Deutsche, der systematisch Wirtschaftskrisen erforscht hat. So stieß ich auf seine kurze Anleitung zur Gründung von Genossenschaftsbanken.

Seit der Finanzkrise sind Volks- und Raiffeisenbanken im Aufwind. Sollte man meinen.

Diese typisch deutsch-österreichischen Banken in Form der Genossenschaft waren ein Grund für die globale Überlegenheit des deutschen Wirtschaftsmodells im neunzehnten und zwanzigsten Jahrhundert: Kreditgenossenschaften sind fair, nachhaltig, dezentral und verantwortungsbewusst.

- Indem sie die Spareinlagen von Tausenden Mitgliedern zusammenlegen und damit Kredite an die Unternehmen der Region vergeben, sind sie ein hervorragendes Mittel der regionalen Wirtschaftsförderung. Sie sind klein und dezentral genug, auch kleinere Betriebe der Region gut zu kennen und auch kleinere Kreditwünsche kompetent zu bedienen.

- Indem die Sparer und Kreditnehmer gleichzeitig auch eine bestimmte Anzahl von Anteilen an der Bank erwerben und Mitglieder werden können, sind sie besonders an dem Geschick ihrer Bank interessiert. Dies führt zu verantwortungsvollem Handeln.

- Indem die Anteile nur beschränkt handelbar sind und ein Mitglied nur eine bestimmte Zahl von Anteilen erwerben darf, erfüllen Genossenschaften auch das Gebot der Nachhaltigkeit im Eigentümerkreis. Auch für börsennotierte Unternehmen wird immer wieder diskutiert, ob Inhaber von Aktien nicht erst nach einer bestimmten Warteperiode stimmberechtigt werden sollten. Dann würden manche Exzesse vermieden.

- Indem auf den General- oder Vertreterversammlungen die Bürgerinnen und Bürger über wesentliche Aspekte der Geschäftspolitik »ihrer« Bank abstimmen und Bürger der Region auch im Aufsichtsrat sitzen, kontrollieren sie das Management effektiv. Kreditgenossenschaften leisten also einen wesentlichen Beitrag zur Demokratisierung des Wirtschaftslebens.

All diese Vorteile der Genossenschaftsbanken veranlassten den berühmten amerikanischen Verfassungsrichter Louis Brandeis dazu, von »Banken von Menschen für Menschen« zu sprechen.*

An diesen Grundtatsachen hat sich seit der Gründung der genossenschaftlichen Bewegung durch Friedrich Wilhelm Raiffeisen und Hermann Schulze-Delitzsch vor 150 Jahren nichts Wesentliches geändert. Genossenschaften scheinen sogar im Aufwind zu sein. 2012 hatten die Vereinten Nationen das Jahr der Genossenschaften ausgerufen. Im Zuge der Finanzkrise erfreuten sich die

* Louis Brandeis: Das Geld der anderen und wie die Banker uns ausnehmen. München 2012.

Volks- und Raiffeisenbanken eines massiven Zuwachses an Mitgliedern und Spareinlagen. Mehr als 17 Millionen Deutsche sind Mitglieder der Volks- und Raiffeisenbanken. In Deutschland gibt es noch gut 1100 Genossenschaftsbanken mit einer Bilanzsumme von 700 Milliarden Euro.

Alles gut also?

Keinesfalls. Der Erfolg des dezentralen deutsch-österreichischen Finanzmodells hat die Lobby der Großbanken und internationalen Finanzmarktakteure dazu veranlasst, zu versuchen, dieses Modell mit allen Mitteln zu zerschlagen. Da es bei der Finanzmarktordnung um den Kern eines Wirtschaftsmodells geht, winkt dem Sieger ein hoher Gewinn.

Am Ende bleiben verwüstete Finanzlandschaften wie in England, Spanien oder Italien übrig. Viele Bankinstitute dort nehmen ihre Kunden nach Belieben auch bei einfachen Transaktionen aus, produzieren hohe Eigenkapitalrenditen für ihre superreichen Eigentümer und wenig Nutzen für Sparer und Kreditnehmer.

Die Auseinandersetztung wird zäh und mit allen Mitteln geführt. Tausende Lobbyisten sind in Brüssel und anderen Hauptstädten unterwegs, um unser nachhaltiges Wirtschaftsmodell an- und abzuschießen. Milliardenbeträge werden für Lobbying ausgegeben.

- Die Verlagerung der Finanzmarktaufsicht nach London entzieht dem deutschen Staat viele Kontrollmöglichkeiten. Statt dezentralem Risikomanagement wird die europäische Bankenszene nun durch bürokratische, zentrale und willkürlich festgelegte Stresstests verunsichert. Besser wäre es, das alles zu lassen und Banken einfach mit genug Eigenkapital auszustatten, wie es die Genossenschaftsbanken haben.

- Obwohl das Eigenkapital der Genossenschaften dezentral gestreut, besonders nachhaltig und geduldig ist, wird über die entsprechenden Gremien, zum Beispiel den Baseler Bankenausschuss, immer wieder und teilweise bereits erfolgreich versucht, bestimmten Kapitalanteilen der Genossenschaftsbanken und Sparkassen den Status als Eigenkapital abzuerkennen.

- Volks- und Raiffeisenbanken sollten gezwungen werden, in einen europäischen Haftungstopf einzuzahlen. Damit stehen sie auch für kapitalmarktorientierte Banken gerade, die wesentlich riskantere Geschäfte betreiben. Dabei haben die genossenschaftlich organisierten Banken bereits ihre eigenen Haftungs- und Unterstützungseinrichtungen. Noch größerer Gefahren lauern in der geplanten europäischen Bankenunion.

- Massive und unangemessene Regulierungen machen mittlerweile auch bei kleinen Krediten den Aufwand eines Großkredits notwendig. Das erschwert das dezentrale Geschäft und fördert Bürokratisierung und Zentralisierung. Das Prinzip der Verhältnismäßigkeit schwindet. Damit verschaffen sich aber die Großbanken heimlich einen Wettbewerbsvorteil,

- Die Niedrigzinspolitik der Notenbanken bestraft Sparer und auch dezentral arbeitende Kreditinstitute, sodass manche Genossenschaftsbanken trotz sehr gesunder Bilanzen langsam Ertragsprobleme bekommen. Gleichzeitig wird durch die Niedrigzinspolitik die Spekulationswirtschaft gefördert: Hedgefonds und Investmentbanken können sich für sehr niedrige Kosten hohe Summen leihen und damit spekulieren.

Der jetzige Zulauf bei den genossenschaftlichen Banken darf nicht täuschen: Das Modell steht massiv unter Beschuss. Eine mächtige Koalition der Gegner hat sich formiert. Die Koalition der Gegner des genossenschaftlichen Modells ist groß: Spekulativen Finanzmarktakteuren, Investmentbanken und Hedgefonds sind Volks- und Raiffeisenbanken ein Dorn im Auge. Länder mit schwächeren Banksystemen wie England, die USA, Spanien, Italien und Frankreich sind wahrscheinlich auch nicht böse über eine Schwächung des deutschen Finanzwesens.

Und die deutsche Spitzenpolitik tut nichts, um die mutwillige Zerstörung einer der Säulen unseres Wirtschaftsmodells aufzuhalten.

In dem Moment, in dem die letzte Volks- oder Raiffeisenbank ihre Türen schließt oder ihre Rechtsform ändert, stirbt auch das deutsche nachhaltige, dezentrale und demokratische Wirtschaftsmodell, das uns fast zwei Jahrhunderte Wohlstand und eine gesunde Mittelschicht gesichert hat.

Lassen Sie es nicht so weit kommen! Bleiben Sie Ihrer Genossenschaftsbank (oder Ihrer Sparkasse) treu.

Deutschland ist immer noch einer der größten Produzenten von Sparkapital auf der Welt. Wenn wir die genossenschaftliche Idee erneuern, und wenn vor allem die Spitzenpolitik aufwacht und dieses Wirtschaftsmodell als besonders schützenswert erkennt, haben wir einen wesentlichen Beitrag zu einer weiterhin fairen, nachhaltigen und demokratischen Wirtschaftsordnung geleistet.

Köln, den 14.01.2013,
Max Otte

A. Max Wirth: Die Hebung der arbeitenden Klassen durch Genossenschaften und Volksbanken

I. Einleitung

Die Geschäftskrisis, welche in Folge des nordamerikanischen Bürgerkriegs seit einigen Jahren die europäischen Industrieländer heimgesucht hat, macht sich in der Schweiz, die unter ihnen in der Ausfuhr relativ den zweiten Rang einnimmt, in so hohem Grade fühlbar, dass der Rückschlag feine Wellen bis in die ländlichen Distrikte, und namentlich des vorzugsweise ackerbautreibenden Kantons Bern erstreckt. Es wird vielfach über ein Missbehagen unter dem Landvolk berichtet, das sich in der Klage über Geldklemme, Kreditmangel und hohem Zinsfuß Luft macht. Ist es schon an und für sich die Pflicht der Staatsmänner und Volkswirte, ein achtsames Ohr zu haben für die Leiden des Volkes, so ist es umso mehr geboten, das Übel zu sondieren und nach den Mitteln zur Abhilfe zu forschen, wenn die Unzufriedenheit schon so groß geworden ist, dass das Volk nach jedem Strohhalm greift, der ihm als Hilfe geboten wird, ohne zu untersuchen, ob er auch stark genug sei, um sich daran aufzurichten, oder ob es auf denselben sich stützend ganz zusammenbreche. Lässt man der althergebrachten Gewohnheit, nach dem Schein zu urteilen, auch in volkswirtschaftlichen Dingen Lauf, so kommt man gar leicht in die Gefahr, über die Ursachen eines Übels sich zu täuschen und Missgriffe zu begehen; denn ohne richtige Diagnose ist die Wahl des Heilmittels dem Zufall preisgegeben. Heutzutage weiß Jedermann, dass nicht Sonne, Mond und Sterne in 24 Stunden sich um die Erde drehen, sondern dass diese nur Schein ist, weil die Erde sich dreht. Dennoch hat die Menschheit Jahrtausende lang an die erstere Annahme geglaubt; dennoch stoßen wir in anderen Fächern fast jeden Tag auf gleiche Vorurteile, die oft nachteiliger wirken, als der naive Glaube an den alltäglichen Sonnen- und Sternentanz. So taucht in der gegenwärtigen Krisis vielfach der Glaube an Universalheilmittel auf, wie Glatzköpfe auf Eau de Lob und Hypochonder auf Pillen schwören, die vom König Humbug allerorten als Mittel gegen Hühneraugen und Schwindsucht u. s. w. angepriesen werden. Eines dieser Allerheilmittel ist die Staatshilfe und die Vormundschaft über einen Teil des Volkes, den man für die volle Freiheit nicht reif hält, als ob es möglich wäre, schwimmen zu lernen ohne ins Wasser zu gehen.

Als jüngst eine dieser Glaubensrichtungen mit einem förmlichen Programm hervortrat, welches bei jener Stimmung im Lande vielfach Beachtung fand und daher vollkommen geeignet war, durch Verbreitung irriger Vorstellungen über den naturgemäßen Verlauf der Volkswirtschaft, großes Unheil zu stiften, ward ich von der Redaktion des »Bund« aufgefordert, ein wissenschaftliches Gutachten über dieses Programm abzugeben, welches in einer Reihe von Aufsätzen unter dem Titel »Volkswirtschaftliche Glossen« erschien.

Nun würde ich die Anonymität nicht verlassen haben, weil ich überhaupt, zu kurze Zeit im Lande, unaufgefordert mich an der Streitfrage nicht beteiligt hätte, wäre nicht von verschiedenen Seiten die Aufforderung an die Redaktion des »Bund« und mich selbst ergangen, die »Glossen« in einem Separatabdruck erscheinen zu lassen, und wäre ich nicht selbst bereits häufig aus verschiedenen Bezirken aufgefordert worden, Material und Ratschläge wegen Gründung von Volksbanken zu geben. Indem ich also in den nachfolgenden Blättern den ausgesprochenen Wünschen nachkomme, leiste ich nicht sowohl der Sache, als mir selbst einen Dienst, indem ich meine Antwort, statt sie jedes Mail besonders zu schreiben, typografieren lassen.

Ich füge der Schrift einen Statutenentwurf für eine Volksbank bei.

II. Diagnose

Man klagt über Geldklemme oder Kapitalmangel, über die Höhe des Zinsfußes und über Schwierigkeit des Kredits.

Als Ursache betrachtet man die Banken, man klagt, dass sie fremdes Geld ins Land gebracht hätten, man verlangt strengere Handhabung des Wuchergesetzes, die Ausschließung des Landvolkes von der allgemeinen Wechselfähigkeit u. s. w.

Man vergisst aber, dass dies Widersprüche in sich selbst sind, wovon einer den andern aufhebt.

Wenn die Banken fremdes Geld ins Land gebracht, so haben sie den Vorrat und nicht die Geldklemme vermehrt, sie haben aus diesem Grund dann nicht zu dem Steigen des Zinsfußes beigetragen, sondern vielmehr verhindert, dass er nicht höher stieg. Die strengere Handhabung des Wuchergesetzes erhöht den Zinsfuß.

Die Ausschließung von der allgemeinen Wechselfähigkeit vermindert den Kredit des Landvolkes.

Wir werden diese Sätze im Verlauf dieser Schrift beweisen.

Um zu wissen, wie man ein Bedürfnis befriedigen soll, muss man das Bedürfnis erst kennen.

Das Geldbedürfnis des Landvolkes ist ein durchaus verschiedenes in Beziehung auf Umfang und Zeit. Vermengt man alles in eines, dann kann man natürlich kein klares Mittel zur Abhilfe angeben.

Wenn also geklagt wird, dass das Landvolk an Geldklemme und hohem Zinsfuß leide, so muss man, ehe man es unternimmt, ein

Hilfsmittel angeben, erst unterscheiden zwischen langem und kurzem Kredit – mit einem Wort zwischen Hypothekar- und Personal-Kredit.

Diejenigen Landwirte, welche ihre Höfe schuldenfrei haben, gehören fast in ganz Europa zu den Ausnahmen. Die meisten haben Hypothekenkapitalien darauf stehen; welche Schulden nur unter günstigen Umständen und allmählich zurückbezahlt oder getilgt werden können. Das Interesse der Landwirte besteht in dieser Hinsicht darin, dass sie ihre Hypothekenkapitalien zu möglichst niedrigen Zinsen in möglichst langen Kündigungsfristen erhalten, um im Fall der Kündigung sich nach einem andern Gläubiger umsehen, und im andern Falle die Schuld allmählich durch Ersparnisse abtragen können.

In früheren Zeiten war die Aufnahme eines Hypothekenkapitals überall auf dem Kontinent mit Mühe, Zeitverlust und Kosten verknüpft. Am leichtesten ging es, wenn man bei Stiftungen und Vermögensverwaltungen zur toten Hand ankommen konnte; wo diese nichts mehr zu vergeben hatten, musste das Bäuerlein oft bei Kapitalisten herum katzbuckeln und sich von Agenten und Maklern aussaugen lassen. Fünf Prozent Zinsen und 1, oft auch 2 % Maklerlohn war die billigste Art auf einen Pfandbrief Kapital zu erlangen. Traf dann den Landwirt ein Unglück: Hagelschlag, Missernte, Viehseuche, Krankheit, Handelskrisen – und das Kapital wurde gekündigt, so kam es oft, dass ihm Haus und Hof in Zwang versteigert und nicht mehr als das Hypothekenkapital gelöst wurde, wenn der Verkauf gerade in eine schlechte Zeit fiel.

Diese Übelstande abzuhelfen wurden die Hypothekenbanken geschaffen, ursprünglich eine Erfindung des »alten Fritz«.

Die Hypothekenbanken, deren Einrichtung wir unten näher erörtern werden, gewähren dem Grundbesitzer den Vorteil, dass er

1. um das Hypothekenkapital nicht zu betteln braucht,

2. dasselbe unkündbar erhält,

3. es in bequemen Jahresfristen zurückzahlen kann,

4. einen geringen Zins, als früher dem Privatkapitalisten, d. h. nur ca. 4½ % zahlt,

5. mit einem Zuschlag von ½ – 1½ %, d. h. mit der jährlichen Zinszahlung von im Ganzen 5 % – 6 %, die er früher dem Kapitalisten abzutragen hatte, zugleich in einer Reihe von Jahren sein Gut schuldenfrei erhält, wobei größere Tilgungszahlungen nicht ausgeschlossen sind.

Der Landwirt wird wahrhaft emanzipiert, ein freier Mann, der wohlgemut der Zukunft entgegensehen kann.

Überall, wo Hypothekenbanken bestehen, hat die Lage des Landvolkes sich außerordentlich verbessert. Indessen muss dabei bemerkt werden, dass Staatsanstalten nirgends so ausreichende Dienste geleistet haben als Privathypothekenbanken.

Ein jeder bekommt da Kapital auf eine meist geringere Pfandhaftung als früher, unkündbar, wenn er nicht ein notorisch schlechter Wirtschafter ist, der sein Grundstück zu Grunde richtet, und wenn er seinen Zins regelmäßig zahlt, wobei indessen in außerordentlichen Fällen billige Verlängerungsfristen nicht ausgeschlossen sind.

Die Kapitalisten, welche der Hypothekenbank ihre Gelder anvertrauen, sehen besonders darauf, dass sie sichergestellt sind und regelmäßigen Zinsenbezug haben. Sie geben ihre Kapitalien der Bank lieber zu 4 % als dem Privaten zu 5 %. Deshalb kann beim Hypothekarkredit von einer Steigerung des Zinsfußes nicht die Rede sein. Es kann bloß darüber geklagt werden, dass die Staatshypothekenbank (von Bern) nicht alle Anforderungen befriedigen kann. Daran ist das Institut der Hypothekenbank nicht schuld. Man überlasse diesen Zweig der Privattätigkeit. Wenn das Bedürfnis groß genug ist, werden sich die Kräfte zu einer neuen Hypothekenbank leicht finden. Auch würden sich auswärtige Banken zur Hilfe herbeilassen, wenn ihnen von Seite von Korporationen entgegengekommen wird. Es kann beim Hypothekarkreditbedürfnis also nicht über Höhe des Zinssatzes, sondern allenfalls nur über Kapitalmangel geklagt werden.

Wir kommen zum Personalkredit.

Außer dem Bedürfnis nach Hypothekenkapitalien braucht der Landwirt zuweilen zwischen Saat und Verlauf der Ernte kleine Vorschüsse, welche er mit dem Erlös seiner Produkte zurückzahlt. Solche Vorschüsse aber dürfen, bei ordnungsmäßiger Wirtschaft, nie auf längere Zeit als ein Viertel- bis ein halbes Jahr in Anspruch genommen werden. Solcher kurzer Kredit ist aber naturgemäß dem laufenden Zins- oder Diskontosatz des beweglichen Kapitals unterworfen, der oft höher, oft dagegen aber auch niedriger ist als der Zinssatz der Hypothekenkapitalien.

Will man nun dem Landmann die Wechselfähigkeit rauben, so beschränkt man seinen Kredit und zwingt ihn, da das Angebot abnimmt, noch höhere Zinsen zu zahlen. Wir wollen dabei nicht danach fragen, woher man denn in einem demokratischen Lande die Berechtigung nehmen will, den zahlreichsten Teil seiner Bevölkerung vom Gebrauch eines verfassungsmäßigen Rechtes auszuschließen. In monarchischen Staaten gehen solche Forderungen nur von den – Junkern aus.

Nicht viel besser begründet ist der Vorwurf, dass die Banken den Kredit verteuerten wenn man diesen Satz allgemein aufstellt. Die Kreditanstalten? Ja. Die Diskontobanken? Nein. Davon weiter unten.

Wir sehen aus allem, dass es notwendig ist, bevor wir über die Wirkung der Banken klar werden wollen, zuerst über einige Grundbegriffe uns zu verständigen, welche noch nicht überall im Bewusstsein des Volkes das Urteil nach dem Schein verdrängt haben. Wir müssen uns vorher noch etwas genauer ansehen, was Geld und Kapital ist und unter welchen Gesetzen die Bildung und der Umsatz des Letzteren vor sich geht.

III. Geld und Kapital

Um sich dieser volkswirtschaftlichen Größen (Geld und Kapital) völlig bewusst zu werden, muss man zuerst über den Sinn der Worte sich einigen, denn der meiste Streit in der Welt, sagt J.-B. Say, ist Wortstreit.

Man versteht im engeren volkswirtschaftlichen Sinne unter Gütern alle Sachen, denen durch menschliche Arbeit Tauschwert beigebracht worden ist. Unter eine Anzahl solcher Güter versteht man Vermögen; unter einer Summe solcher Güter, die verbraucht werden zur Wiedererzeugung neuer Güter, welche menschliche Bedürfnisse befriedigen sollen, versteht man Kapital.

Kapital in diesem engen volkswirtschaftlichen Sinn sind also alle stofflichen Gegenstände, denen durch menschliche Arbeit solcher Wert verliehen worden ist, dass sie, indem sie Bedürfnisse befriedigen oder zum Eintausch von Produkten dienen können, welche Bedürfnisse befriedigen, zur Wiederzeugung von Gütern verbraucht werden.

Im Paradies gab es kein Kapital, weil Adam und Eva weder Kleidung noch Wohnung noch Vorrat für den Winter brauchten. Die meisten Tiere haben auch kein Kapital. Allein schon die Biene gibt uns die erste Vorstellung der Kapitalbildung, weil sie sich ihre Zelle baut und für den Winter sorgt. Das erste Kapital, welches der Urmensch schuf, waren Kleidung, Waffen, Werkzeuge, Hütte, Vorräte für den Winter. Alle diese Dinge verbrauchte er in kürzerer oder längerer Zeit, während er beschäftigt war, neue Artikel zur Befriedigung seiner Lebsucht zu machen. Mit der steigenden Zivilisation wächst der Vorrat an solchen Mitteln, die Bedürfnisse zu befriedigen, der Vorrat an Kapital, und mit der Größe des Kapitals erhöht sich auch die Kraft des Menschen, immer mehr und immer bessere, schönere Produkte mit immer besseren ergiebigen Werkzeugen zu schaffen und immer mehr Genüsse mit weniger Arbeit sich zu erwerben.

Kapital sind also Grundstücke, Häuser, Werkstätten, Maschinen, Werkzeuge, Transport und Verkehrsmittel, Geld, Wagen, Haustiere, Schiffe, Waren und Vorräte aller Art. Zur ständigen Ernährung der Bevölkerung und des Zuwachses derselben müssen alle diese durch aufgesparte und direkte Arbeit erschaffenen Gegenstände verzehrt und wieder neu geschaffen werden. Bei den einen geschieht dies in weniger, bei den andern in mehr als einem Jahr. Lebensmittel in Gestalt von Früchten werden wegen des Wechsels der Jahreszeiten in jedem Jahre wiedererzeugt, in Gestalt von Haustieren (Geflügel, Schweine, Schafe, Rindvieh) in 1 – 10 Jahren. Auch Grundstücke würden nicht ewig fruchtbar bleiben, wenn ihre Kraft nicht durch Zuführung der in den Früchten entzogenen Stoffe mittels Dünger erneuert würde. Die Herstellung der Lebensmittel erfordert also Vorräte in Gestalt von fruchtbaren – d. h. mittels früherer Arbeit befruchteten – Äckern, von Häusern, Werkzeugen, Wagen, Maschinen, Dünger und von Kleidungsstücken und Lebensmitteln für die mit der Bestellung der Äcker und Einbringung der Ernte beschäftigten Arbeiter – welche Lebensmittel unter der Form von Lohn verabfolgt zu werden pflegen.

Wie man Werkzeuge braucht, um leichter Produkte zu machen, so braucht man auch ein Werkzeug, um den Überfluss von selbstgeschaffenen Produkten mit anderen Gegenständen, deren man bedarf oder welche die Bequemlichkeit und den Genuss des Lebens erhöhen, leichter auszutauschen. Ein solches Werkzeug ist das Geld.

Wie jedes Werkzeug ist das Geld ein Teil des Kapitals und zwar ein verschwindend kleiner Teil gegen die Summe der übrigen Güter. Wie Wagen ein Werkzeug sind, um den Austausch der Waren nach dem Raum zu erleichtern, so ist Geld das Werkzeug, um den Austausch von deren Werten leichter zu bewerkstelligen. Dies ist seine Natur, als kleiner Teil des Kapitals. Außerdem hat es aber noch den allgemeinen Charakter als Wertmesser und Repräsentant des Kapitals. In dieser Eigenschaft pflegt es bei allen Käufen und Verkäufen zu erscheinen und besonders an den Märkten und in den Buden der Märkte, den Banken, sich anzuhäufen. Aus demselben Grunde verwechselt aber die Menge und selbst der sonst denkende Kaufmann fast immer Geld mit Kapital; wie man im gewöhnlichen Leben auch vom Auf- und Untergang der Sonne zu sprechen pflegt.

Je mehr nun die Kultur und Wohlhabenheit steigt, desto mehr wird das Kapital in dauerhaftere Gestalt gebracht. Da nun Edelmetall sehr dauerhaft ist, so vermehrt sich bei anwachsendem Kapital der Vorrat an Metallgeld in steigendem Verhältnis.

Verfolgen wir diesen Entwicklungs- und Verwandlungsprozess des Kapitals in dauerhaftere Gestalt an einem Beispiel:

Wenn auf längere Zeit ein Überschuss an Früchten in Gestalt von Lebensmitteln gewonnen wird, in Folge fruchtbarer Jahre oder Verbesserungen der Landwirtschaft, dann muss dieser Überschuss aufbewahrt werden. Da nun Wurzelfrüchte nur ein Jahr, Getreide ohne Gefahr nicht über zwei Jahre sich aufbewahren lassen, so muss dieser Überschuss in eine andere Gestalt verwandelt werden. Es wird daher mehr junges Vieh groß gezogen – der Viehstand vermehrt sich. Wiederholt sich der Überschuss auch in folgenden Jahren und es ist Ausfuhr nicht lohnend, dann wird ein Teil der Grundstücke mit Handelsgewächsen, die einer längeren Aufbewahrung fähig sind, wie Tabak, Öl- und Farbpflanzen, bebaut und das Kapital vermehrt sich nach anderer Richtung. Steigt der jährliche Mehrertrag so fort, dann wird mehr Kapital für die Verbesserung der Wege und Häuser angelegt. An die Stelle der hölzernen Häuser treten steinerne, an die Stelle der Schindeldächer Ziegel- und Schieferdächer. Es steigt auch die Frage nach einer Menge anderer Bequemlichkeiten, nach besseren Kleidern und Werkzeugen, nach Uhren, Büchern, Gemälden, u.s.w.

IV. Kapital und Arbeit

So wie allmählich das National-Kapital vermehrt wird, d. h. überflüssige Vorräte fortwährend in andere, solidere, haltbarere, edlere, wertvollere Gestalt verwandelt werden, so steigen auch fortwährend Arbeiter aus dem untersten Grade der Handlanger und Taglöhner durch bessere Ausbildung auf eine höhere Stufenleiter in eine andere Beschäftigung, wo Kapital in dauerhaftere, schönere Gestalt, d. h. in Waren verschiedenster Art verwandelt, durch Transport brauchbarer, d. h. wertvoller gemacht wird; sie gehen zum Transportwesen, zum Handel, zu den Gewerken, so wie endlich zu den gelehrten und künstlerischen Berufsarten über. Dieser Entwicklungsgang ist in der Geschichte aller Siedlungen und Völker klar nachzuweisen. In demselben Verhältnis, in welchen nun Arbeiter aus dem untersten Grade der Landbauer in andere Beschäftigungen emporsteigen, erhöht sich auch der Lohn; denn dies Angebot von Arbeit ist seltener, weil mehr Talent und mehr Kapitalaufwand zur Erlernung einer betreffenden Geschicklichkeit erfordert wird wie beim gewöhnlichen Handlanger.

Blicken wir noch näher auf diesen Prozess, so finden wir in dem Kulturfortschritt, welchen das so ersparte Kapital durch das Übergehen von Arbeitern zu besseren Berufsarten bewirkt, eine wunderbare Gewalt; denn es ist ja gerade die Grundursache aller Verbesserung der Lage der menschlichen Gesellschaft, dass durch Übersparung von Existenzmitteln einzelne talentvollere Menschen in Stand gesetzt werden, neue Mittel zur größeren Gütererzeugung auszusinnen und herzustellen. Dann werden die Werkzeuge verbessert, um Zeit zu sparen oder bei Aufwand von gleicher Zeit mehr zu schaffen; dann werden Wege und Straßen vermehrt, um die Transportkosten zu vermindern; dann werden Maschinen und neue Erzeugungsmethoden erfunden, welche den Menschen immer mehr von der groben, mechanischen, ungesunden und unangenehmen Arbeit erlösen; dann wird die Jugend besser erzogen, dass sie immer weniger Lehrgeld durch eigenen Schaden zu zahlen hat, immer besser arbeiten, immer Edleres produzieren lernt. Es wird dann, indem alles dies zusammen wirkt, mit dem Aufwand der gleichen Arbeit eine viel größere Menge von Gütern erzeugt, also kann auch viel mehr Kapital, ganz im Verhältnis zur wachsenden Bevölkerung, gespart werden als vorher. Da nun aber dieses Kapital, wenn es nicht zu Grunde gehen soll, fortwährend umgesetzt und in ähnliche und in dauerhaftere oder edlere Güter verwandelt werden muss, da es fortwährend reproduktiv verzehrt werden muss, so müssen notwendigerweise mit dem Überhandnehmen der Maschinen mehr Güter zur allgemeinen Verteilung kommen. Es können immer neue, edlere Güter geschaffen werden und immer mehr Arbeiter durch bessere Ausbildung zu besseren, höher gelohnten Erwerbsarten übergehen. Das Steigen des Kapitals vervielfältigt also die Erwerbsarten und schafft einer immer größeren Arbeiterzahl höheren Lohn, weil durch das Abziehen von Arbeitern aus der untersten Stufe in höhere, das Angebot von Arbeitern der untersten Stufe sich vermindert. (Daher der Mangel an ländlichen Arbeitern beim Aufblühen der Industrie, wie er in Deutschland seit 10 Jahren sich allenthalben fühlbar macht und worüber alle landwirtschaftlichen Versammlungen klagen.) Die Bevölkerung wächst; durch das Dichterwerden der Bevölkerung rücken Konsument und Produzent einander näher; es werden Transportkosten gespart und um ebenso viel die Kapitalansammlung vermehrt über die Summe hinaus, welche sonst unter gleichen Umständen (gleicher Bevölkerungszahl und Produktionsmitteln) aufgespart wurde. Die Mittel zur Erhaltung von Arbeitern, die Nachfrage nach Arbeitern und ihr Lohn müssen also absolut und relativ steigen mit dem Anwachsen der Bevölkerung – weil mit der jeden Tag sich mehrenden Summe von Erfahrungen, von Einsicht in die Gesetze und Erscheinungen der Natur, von Bildung, von Übung der Arbeitskraft, von Produktions- und Transportmitteln, von Erfindungen u. s. w. mit derselben Arbeit mehr von den alten Gütern gebracht wird, also neue Beschäftigungen entstehen, die Erwerbsarten sich vervielfältigen, die Bevölkerung Anzahl und Bildung wächst, stets mehr Transportkosten erspart und relativ mehr Kapital aufgesammelt werden können als früher.

V. Kredit

Diesem im Ganzen und Großen unbestreitbaren und erfreulichen Entwicklungsgang der Kultur stehen mannigfache Hindernisse entgegen, welche teils von der Natur, teils von den Menschen selbst in den Weg gelegt werden. Dieselben äußern sich vornehmlich in Zerstörung des Kapitals und der Arbeitskraft. Die von der Natur bereiteten Hindernisse bestehen in Misswuchs (durch zu große Nässe oder Trockenheit, durch Hagelschlag), in Überschwemmungen, Feuersbrünsten, in Seuchen, welche Vieh, in Krankheiten, welche produktive Menschen wegraffen diese Hindernisse können zum Teil ganz abgewendet, zum Teil sehr gemildert werden. Gute Düngung und Dränierung machen den Acker unabhängiger von Hitze und Nässe, die Verbesserung der Heilkunde vermehrt bedeutend das durchschnittliche Lebensalter, aufmerksame Sanitätspolizei mindert die Viehseuchen, welche bekanntlich in der Regel aus den wilden Steppen eingeschleppt werden. Gute Forstkultur, Uferbauten und Flussregulierungen sichern vor Überschwemmungen.

Die Hindernisse, welche von den Menschen entgegengestellt werden, sind: schlechte Regierungen, welche kapital- und menschenverwüstende Kriege heraufbeschwören, welche die Staatsbürger länger als es notwendig ist der Arbeit und in den Kasernen zurückhalten, welche die den Staatsbürgern ungesetzlich erpressten Steuern für unnütze Zwecke hinauswerfen; diese Hindernisse bestehen in schlechten Gesetzen, welche eine Kaste von Faulenzern zu Herren der arbeitenden Bevölkerung machen, die den einen Vorrechte über die anderen verleihen, welche die von Natur bestehende Ungleichheit der Menschen an Gesundheit, Kraft, Verstand, Talent noch vermehren zum Nachteil des minder Befähigten, indem sie verbieten, dass jeder arbeiten könne was und wo er will; welche die heiligste und süßeste Handlung des Menschen, die Ehe, gewissermaßen wie ein Vergehen zu verhindern suchen, obgleich es in der Tat kein mächtigeres Mittel gibt, die die Menschen zufrieden, arbeitsam, sparsam, aufstrebend, gesittet, nüchtern, edel, der höchsten Anstrengungen des Körpers und des Geistes fähig zu machen, als dieses. Solche Hindernisse bestehen vor allen Dingen auch in dem Wahn der Menschen selbst, welche in ihrer Mehrheit nur sehr langsam zur Erkenntnis der Gesetze der Natur und des Verkehrs gelangen und in der Regel allen Verbesserungen langer Zeit passiven, ja oft sogar aktiven Widerstand entgegensetzen; wie die große Schwierigkeit beweist, mit welcher Gesetzesreformen durchzusetzen sind; wie die Langsamkeit beweist, mit welcher neue zweckmäßige Maschinen Eingang finden; wie die Tatsache beweist, dass anfangs in England Maschinen sogar von den Arbeitern zertrümmert, das in Frankreich noch vor 15 Jahren der Krieg gegen das Kapital gepredigt wurde – der Torheit jenes Gärtners vergleichbar, der den Ast, auf dem er saß, abgesägte.

Ich habe diese Hindernisse flüchtig angeführt, um zu zeigen, wie wichtig es ist, irrige Meinungen berichtigen und die Unebenheiten der Natur durch Klugheit und Menschlichkeit zu mildern, denn wo nicht das Volk gleichen Schrittes mit der industriellen Entwicklung und dem Wachsen des Kapitales in Bildung vorwärts schreitet, da kann leicht jener herrliche Entwicklungsgang die Lage der unteren Klassen noch verschlimmern, wovon wir aus den Großstädten Englands einige Beispiele aufführen könnten.

Eines der wichtigsten Förderungsmittel der Kulturentwicklung ist der Kredit. Allein der Kredit kann leicht dazu beitragen, die von der Natur gegebene Ungleichheit der Menschen noch zu vermehren, wenn er zum Monopol einer bevorrechteten Klasse gemacht.

Es heißt aber das Monopol einer bevorrechteten Klasse schaffen wollen, wenn man den Bauernstand, den größeren Teil der Bevölkerung, von der Wechselfähigkeit ausschließen will.

Vergesse man doch nicht, dass die Menschen mit sehr ungleichen Anlagen geboren und in sehr ungleichen Verhältnissen erzogen werden. Der eine ist gesünder und stärker, mutiger, feuriger, schöner, nüchterner, sparsamer als der andere, der eine hat mehr Talent zum Lernen, zum Denken, zum Erfinden als der andere. Diese Ungleichheit lässt sich in alle Eigenschaften der Menschen verfolgen; sie ist die Ursache auch der sozialen und staatlichen Bevorzugungen, namentlich des Gegensatzes zwischen Arm und Reich.

Von zwei Knaben mit gleichen Anlagen, deren einer in einer armen, der andere in einer wohlhabenden Familie, oder der eine in einer sehr ordnungsliebenden, fleißigen, der andere in einer etwas zerrütteten Familie aufwächst, hat der eine einen großen Vorteil und wird es ihm viel leichter, eine gute Laufbahn zu machen, als der andere.

Die Andeutung, welche jeder für sich selbst ins Einzelne verfolgen kann, wird genügen, um darzutun, dass es steigendes Unrecht ist, die von Natur, Geburt und Erbrecht aufgelegte Ungleichheit noch vermehren zu wollen durch Gesetze, welche die freie Tätigkeit und Erwerbsfähigkeit hemmen oder sie auf den Kreis einer bevorrechteten Kaste einschränken. Dies hat man aber bis die neuere Zeit getan, indem man:

1. ein gesetzliches Zinsmaximum aufrechthielt, ein Gesetz, dessen Unwirksamkeit wir weiter unten nachweisen werden, und dadurch den Kredit des kleinen Mannes schmälerte, während Banken, Kaufleute und Regierungen offen und ungescheut die gesetzliche Taxe überschritten;

2. die Wechselfälligkeit auf eine bevorrechtete Kaste, die Kaufleute, beschränkte;

3. das Konfessionswesen für Banken und andere industrielle Unternehmungen aufrechthielt, bei dem stets die reichen angesehenen Leute bevorzugt werden u. dgl. m.

Durch solche und ähnliche Maßregeln macht man Kredit zum Monopol und schafft anstelle der alten Geburtsaristokratie eine schlimmere Geldaristokratie.

Um die Wahrheit dieser Behauptungen zu ermessen, siehe man sich nur einmal genau an, was der kaufmännische Kredit ist, und welchen Vorzug, welches gewaltige Übergewicht er dem Kaufmann und Fabrikanten vor dem kleinen Manne gibt?

Der Kaufmann arbeitet durch den Kredit, den er beim Bankier genießt, und durch den Gebrauch des Wechsels sehr oft mit dem doppelten des eigentümlichen Kapitals. Jedenfalls aber macht er sein im Geschäft arbeitendes Kapital durch den Wechsel 3 Monate oder früher flüssig als der kleine Mann. Er kann kraft des kaufmännischen Gebrauches, welcher durch die Organisation des Kredits geheiligt worden ist, zu bestimmter Zeit auf Eingang seiner Ausstände rechnen und kraft des

Wechsels dieselben sofort nach Absendung der Ware flüssig machen.

Vergleiche man dagegen die Lage des Handwerkers, der seinen kaufmännischen Kredit hat! Wie er sich winden und drehen muss, um das genügende Betriebskapital für sein Geschäft zu haben, bis es seinen reichen Kunden gefällig ist, die Rechnung zu zahlen. In vielen Gegenden werden die Rechnungen nur einmal des Jahres bezahlt und auch nach dieser Frist sind die Reichsten die Säumigsten. Wäre es nicht eine Wohltat für den Handwerker, wenn er durch eine Kreditorganisation oder ein Kreditinstitut in die Lage versetzt würde, seine Ausstände früher flüssig zu machen? Durch Ausschließung von der Wechselfähigkeit macht man dies unmöglich.

Betrachte man doch genau die bevorzugte Stellung, welche dieselbe dem Kaufmann gibt.

Ein Kaufmann, der 100.000 Fr. in seinem Geschäfte angelegt, hat 50.000 Fr. Kredit beim Bankier.

Erschöpft er nun diesen Kredit und überweist Wechsel, die er 3 Monate a dato der Absendung der Ware auf die Empfänger, seine Kunden und Schuldner, zieht, dem Bankier als Deckung, so schreibt ihm dieser dieselben unter Abzug der Zinsen und Provisionen gut, in den meisten Fällen, und wenn das Haus viel Vertrauen, d. h. guten Kredit, genießt, sogar ohne dass sie akzeptiert sind. So weit nun der Betrag dieser Wechsel reicht, kann der Kaufmann bereits wieder seinen Kredit beim Bankier in Anspruch nehmen. Freilich müsste er, wenn die Wechsel nicht eingelöst würden, sofort für bare Deckung sorgen. Der Kredit des Kaufmanns besteht eben darin, dass er das Vertrauen genießt, seine leichtsinnigen und gewagten Geschäfte zu machen, Wechsel nur zu ziehen, wo er wirkliche Forderungen hat, und seine Obliegenheiten stets prompt, wie versprochen, zu erfüllen. Der Geschäftsmann kann es durch jahrelange Beobachtung solcher strenger Ordnung und Pünktlichkeit dahin bringen, dass sein Haus weit mehr Vertrauen genießt, als es Vermögen hat, d. h. er kann nicht bloß allmählich einen dem Belauf seines Vermögens entsprechenden Barkredit genießen, sondern außerdem auch noch Warenkredit, sodass Warenkredit und Barkredit oft den Betrag seines Vermögens übersteigen. Diese Übertreibung des Vertrauens kann freilich auch zu unbesonnenen Spekulationen und beim Eintreten einer Krisis zu Bankrotten führen, bei denen die Passiven die Aktiven bedeutend überschreiten. Es hängt eben dabei alles von geschickter, tüchtiger, redlicher Leitung der Geschäfte ab.

Jede diesem kaufmännischen Kredit ähnliche Art wäre dem kleinen Handwerker, Landwirt, Gastwirt, Krämer für immer verschlossen, wenn die Wechselfähigkeit auf die Kaufleute eingeschränkt würde; ja sie ist es bereits durch das Bestehen der gesetzlichen Zinstaxe (Wuchergesetz), weil Kreditinstitute und Bankiers, welche jene Kredite gewähren, bei hohem Diskontosatz der Geldmärkte zuweilen jene Taxe überschreiten müssen. Es dürften in solchen Fällen auch Volksbanken keine Darlehen bewilligen; und Volksbanken sind es gerade, die wir bei dem kleinen Geschäftsmann als das sichere Mittel vorschlagen werden, jenen kaufmännischen Kredit sich ebenfalls anzueignen und dadurch auf eine höhere Stufe der Erwerbstätigkeit sich zu erheben.

Es ist allerdings festzuhalten, dass die bloße Freiheit allein nicht genügt, um die von Natur, Geburt und Erziehung geschaffenen Ungleichheiten zu mildern und dem Armen die Mittel zu bieten, sich emporzuschwingen – es gehört auch noch dazu die genossenschaftliche Entwicklung, in welcher einer dem andern hilft; wie hier auch die Menschheit im Ganzen nicht die heutige Stufe der Kultur hätte erreichen können, wenn sie nicht Arbeitsteilung und Herstellung großer Werte mit gemeinsamen Mitteln eingeführt, wenn nicht eine Generation mit den Hilfsmitteln der vorhergehenden arbeiten könnte.

Wo aber die Gesetzgebung jene Freiheit der Bewegung versagt und die besser situierten Klassen den schwer aus der Armut sich emporringenden Arbeitern, die sich eine selbstständige Stellung durch die genossenschaftliche Selbsthilfe verschaffen wollen, nicht die entsprechende gesetzliche Stellung einräumen wollen, indem große Institute, welche den Reichen dienen, leichter erlaubt werden als die Anstalten des einfachen Handwerkers, Bauern und Arbeiters; oder wo man gar diesen, jenen oben genannten Forderungen gemäß, ihre rechtliche Stellung einschränken wollte – da hätten sie allerdings Recht, über die Erdrückung des kleinen Mannes durch die Großindustrie und das große Kapital zu klagen und diesem den Krieg zu erklären, wodurch aber Zustände geschaffen würden, von denen Frankreich ein so grauenvolles Beispiel gegeben hat. Das Volk käme auf diesem Wege in eine neue Art von Hörigkeit unter eine hartherzige Geldaristokratie.

Wir wollen indessen auch die praktische Unwirksamkeit jener freiheitsfeindlichen Forderungen nachweisen.

VI. Der Kredit und die gesetzliche Zinstaxe

Die »Aufrechterhaltung des Wucherverbots und seine Handhabung« ist eine der Forderungen der kürzlich erschienenen Flugschrift »Öffnet die Augen im Berner Land«. Wir wollen uns nicht bei der Frage aufhalten, wie weit es konsequent ist, wenn man Reformen verlangt und doch dabei die Aufrechterhaltung mittelalterlicher Gesetze will. Wir werden einfach beweisen, dass eben das Wuchergesetz notwendig den Zinsfuß steigen macht, dessen Verminderung man doch will. Die Wuchergesetze stammen aus dem Mittelalter und zwar von Rom. Der Papst verbot zuerst das Zinsennehmen überhaupt allen Christen. Die Folge davon war, dass der ganze Geldhandel in die Hände der Juden kam, deren sich insgeheim die Geistlichkeit am allermeisten zu ihren zahlreichen Geldgeschäften bediente. Durch dieses gewissermaßen aufgenötigte Monopol erwarben die Juden große Reichtümer, welche ihnen wieder grimmen Neid und Plünderung von Seite von Fürsten und Adel zuzogen. Um sich für solche Plünderungen sowie auch die häufigen Brüche von Zahlungsversprechungen der erhaltenen Darlehen von Seite Mächtiger schadlos zu halten, forderten sie höheren als den nach der Lage der Dinge natürlichen Zins, d.h. eine Versicherungsprämie über die gewöhnlichen Zinsen hinaus, für die Gefahr des Verlusts. Als die weltliche Gewalt das Zinsennehmen wieder allgemein erlaubte, setzte sie, wie man in jener Zeit sogar Lebensmittel und Löhne polizeilich zu taxieren pflegte, auch ein Maximum des Zinsfußes fest, Übertretung mit harter Strafe bedrohend. Dieses Verbot hilft entweder gar nichts oder bewirkt das Gegenteil von dem, was es bezweckt – denn der Zins richtet sich, so gut wie Preis und Lohn, nicht nach der Laune des Gesetzgebers, sondern nach dem Vorrat an Kapital und der Nachfrage nach demselben. Ist großer Vorrat an Kapital in einem bestimmten Geschäftskreise vorhanden, und die Nachfrage ist gering, dann ist der Zins niedrig; ist das Umgekehrte der Fall, dann ist der Zins hoch. Die Ursachen aber, weshalb Mangel oder Überfluss an Kapital, warum große oder geringe Nachfrage, sind so mannigfaltig wie die politischen und materiellen Verhältnisse der Gesellschaft überhaupt; diese Ursachen der Schwankungen von Nachfrage und Angebot zu erkennen, erfordert umsichtige Forschung. Der Zins kann gleich hoch stehen, bei diametral entgegengesetzten Verhältnissen, wo das Kapital wenig Sicherheit genießt und da, wo es volle Sicherheit genießt, aber der industrielle Aufschwung nie genug Mittel zu seinen Unternehmungen haben kann, zum Beispiel in der Türkei und in Nordamerika. Er kann gleich niedrig sein aus Mangel an industrieller Anlage, und bei großer geschäftlicher Rührigkeit, wo aber die Kapitalansammlung in großen Dimensionen vor sich geht, wie in Frankfurt und Holland.

Der Zins steigt gleichmäßig, wenn es gefährlich ist zu leihen oder wenn die Geschäfte so gut gehen, dass die Nachfrage der Spekulation nach Kapitalien wächst. In der Schwindelperiode vor der Handelskrisis von 1857 war die Bank von England genötigt, den Diskonto bis auf 10 % hinaufzuschrauben, um der Spekulation einen Zügel anzulegen. Wäre sie gesetzlich gehindert worden, über 5 % hinauszugehen, so würde die Spekulation sich so überstürzt haben, dass das Geschäft des ganzen Landes in die Krisis verwickelt worden und unter ihr zusammengebrochen wäre, statt nur einige hundert Käufer. Auf der anderen Seite steigt der Zins im Krieg und bürgerlichen Unruhen, weil die Kapitalisten ihr Geld in Sicherheit bringen, das Angebot also rarer wird.

Wollte man, zumal in einem kleinen Lande, in einem solchen Fall, wo der wirtschaftliche Zins die gesetzliche Taxe überschreiten muss, die gesetzliche Festsetzung der Zinstaxe mit der äußersten Strenge handhaben, so würde man gar nichts anderes damit erreichen, als dass man nicht bloß alles auswärtige Kapital abschreckte, sondern auch noch das eigene aus dem Land triebe, und dass die Leute erst recht gar kein Geld erhielten.

Die Höhe des Zinses richtet sich nämlich, wenn wir das Gesetz von Nachfrage und Angebot in den Hauptzügen analysieren:

1. nach dem Vorrat an Kapital;

2. nach dem Bedarf an Kapital;

3. nach der größeren oder geringeren Gefahr, welche das Kapital beim Darlehen ausgesetzt ist – also nach der Sicherheit;

4. nach der Bequemlichkeit des Zinsenbezuges.

Unter dem Einflusse dieser Verhältnisse schwankt zum Beispiel der Wechseldiskonto zuweilen im Verlauf desselben Jahres an demselben Platz von 3 bis 12 Prozent. In London stand der Diskonto am 9. November 1857 auf 10 % und am 12. November wurde die Bank von England zur Suspension der Peelsakte genötigt, um noch mehr Noten zur Diskontierung ausgeben zu können – so sehr stieg trotzdem die Nachfrage –, während bereits 4 Monate darauf, im Frühjahr 1858, der Diskontosatz wieder auf 3 %, und bei den Privatdiskonteuren sogar auf 2 ¼ % herabgesunken war. In Hamburg schwankte der Diskonto im Jahre 1857 zwischen 3 und 12 %. Solche kolossale Schwankungen hängen mit dem Großhandel und der Spekulation zusammen, deren Operationen näher zu erörtern uns hier zu weit führen würde.

Sprechen wir von dem Zinssatze außer dem Handelsverkehr und den Finanzoperationen.

Wenn bei der Anlage eines Kapitals unter den günstigen Umständen, d.h. eines hypothekarischen Darlehens, der übliche Zinssatz schon 4–5 % ist, so ist es reiner Widersinn, wenn das Gesetz die

Taxe unter allen Umständen auf 5 % festsetzt; denn wie soll dann jemand sich entschließen, Kapital bei ungünstigeren Umständen, d.h. bei geringerer Sicherheit des Kapitals und unregelmäßigem und unbequemem Zinsenbezug, herzuleihen. Für alle weniger sicheren Fälle ist dann kein Kapital vorhanden dieses wird dann lieber in Staatsobligationen, Eisenbahnaktien und anderen industriellen Papieren angelegt, oder es geht einfach aus dem Lande.

Das Kapital aber, welches nicht aus dem Lande geht, übertritt oder umgeht das Gesetz, denn gegen die Natur der Dinge lässt sich nicht aufkommen. Sobald hypothekarische Darlehen mit dem Maximum der Zinstaxe verzinst werden, dann müssen die Zinsen der andern je nach der Stufenleiter ihre Sicherheit mehr oder weniger steigen. Denn zu dem gesetzlichen Zinsfuß von 5 % kommt noch eine Versicherungsprämie gegen die Gefahr des Verlustes des ganzen oder eines Teils des Kapitals. Verbietet das Gesetz, diese Prämie zu nehmen, so wird dasselbe auf geraden oder krummen Wegen umgangen. Der übliche ist die Verschreibung einer höheren Summe, als man wirklich erhielt. Jetzt erst sind wir beim Wucher angelangt, den aber das Gesetz selbst erzeugt. Nun steigen die Zinsen viel höher, als sie bei voller Freiheit gestiegen wären. Denn jetzt kommt zu dem gesetzlichen Zinsfuß von 5 % nicht bloß die Versicherungsprämie für die Gefahr, welche das Kapital läuft, sondern auch die Versicherungsprämie für die persönliche Gefahr, welcher der Kapitalist sich durch die Übertretung des Gesetzes ausgesetzt, indem er jene zur Erhaltung seines Kapitals notwendige Prämie nimmt. Es kommt dazu auch noch Schmerzensgeld für den Verlust des guten Namens, welchen Gesetzesübertretung auf Schleichwegen mit sich bringt, und dieses Schmerzensgeld ist oft höher als aller Zins. Es kommt hinzu, dass alle ehrlichen Leute von diesem Handel ausgeschlossen sind, der dann in Händen von gewissenlosen Menschen zu den ärgsten Missbräuchen führt. Daher hat ja auch die Erfahrung in hunderten von Kriminalprozessen gelehrt, dass Zinsnahme von 100 % bei Wucherern etwas ganz Gewöhnliches ist. Ist doch der nassauische Minister Werren, das jetzige Haupt der Reaktion in diesem Lande, in gerichtlicher Untersuchung überführt worden, 108 % Zinsen genommen zu haben, eine Untersuchung, die freilich vor dem Straferkenntnis auf höheren Befehl niedergeschlagen wurde.

Besteht hingegen kein Zinswuchergesetz, so fällt die Anrüchigkeit weg, welche an dem Geldgeschäfte hängt; auch die ehrlichen Leute können sich damit befassen und der Zins kann seine normale Höhe gar nicht überschreiten.

Der Wucher wird durch das Wuchergesetz erst geschaffen. Was hat es bis jetzt genützt? Nichts. Das hat man in England, Amerika, Belgien und in den meisten deutschen Ländern, in Württemberg schon seit 1847, eingesehen und das Gesetz abgeschafft.

VII. Zinssatz und Währung

Es gibt noch eine andere sekundäre Ursache, welche auf das Steigen des Diskonto einwirkt. Die Schweiz ist durch die Annahme des neuen Münzsystemes und durch die von selbst aufgedrungene Goldwährung in innigere Beziehungen zum französischen Geldmarkte gekommen. Sie teilt den Vorteil der französischen Geschäftswelt, wenn der Diskonto an der Pariser Börse niedriger steht als an anderen europäischen Plätzen; sie muss aber auch den Nachteil tragen, wenn die Bank von Frankreich den Diskonto erhöht. Denn französische Geschäftsleute können, wenn der Zinssatz in der Schweiz niedriger steht, sich leicht Geldsendungen machen lassen. Die Banken ändern an diesem Umstande gar nichts, denn an ihrer Stelle würden Bankiers den Geldverkehr vermitteln. Es ist nämlich wohl zu beachten, dass derjenige Teil des Kapitals, welcher im Geld dargestellt ist, vorzugsweise an den Börsen, Geldmärkten, bei Banken und Bankiers zirkuliert und zum Umsatz angehäuft wird, so dass das Geld in kurzen Perioden, als Teil, oft so großen Einfluss auf den Diskonto ausübt als das Kapital im Allgemeinen. Eine der Hauptursachen, warum der Zinssatz in Frankfurt a. M. bei steigendem Diskonto stets etwas niedriger ist als auf den anderen Börsen, liegt in der verschiedenen Währungen – in der Silberwährung. Erstlich gestattet das Silber nicht so leicht den Transport, weil es 14-mal schwerer ist als Gold, und zweitens werden die deutschen Silbermünzen auf den anderen Börsen nicht angenommen. Bestünde in Frankfurt und Süddeutschland das französische System und die Goldwährung, so würde der

Diskonto sich mit Paris nahezu ausgleichen: Er würde bei steigender Richtung in Frankfurt um etwa 1 % höher stehen, als es jetzt der Fall zu sein pflegt. Die Schweiz würde daher, sobald der Diskonto in Paris und auf dem Weltmarkt steigt, unzweifelhaft billigeren Zinssatz genießen, wenn seinerzeit der St. Galler Antrag auf Einführung der Gulden- und Silberwährung durchgegangen wäre; hingegen würde sie den Vorteil nicht genießen, welchen sie jetzt genießt, wenn der Diskonto in Frankreich bedeutend sinkt.

Die Genfer Bank, welche eine Filiale in London hat, muss natürlich allen Schwankungen des Londoner Geldmarktes folgen.

Als während der Handelskrisis von 1857 das französische Silbergeld in Frankfurt a. M. als gültig zu Wechselzahlungen erklärt wurde, bestand in einiger Zeit darauf und vor Wiederaufhebung jener Verordnung in verschiedenen Monaten der gesamte Barvorrat der Bank im Betrag von 14 Millionen Gulden oder 30 Millionen Franken bloß aus Fünffrankentalern. Während derselben Zeit musste die Bank von Frankreich Silber für hohes Agio aufkaufen. Einen besseren Beweis für unsere Behauptung gibt es nicht.

Wann und wo Diskonto- und Zettelbanken nicht existieren, sind Bankiers und Wechsler an ihrer Stelle und am Zinsfuß wird dadurch nichts geändert.

Wenn nun aber gar der Eidgenössischen oder einer anderen Bank zum Vorwurf gemacht würde, sie habe fremdes Geld ins Land gezogen, so ist uns etwas so Wunderliches noch nicht vorgekommen. Wo stünde man jetzt mit dem Eisenbahnbau, wenn nicht fremdes Geld mit dazu gezogen worden wäre? Wäre Nordamerika im Stande gewesen, ein Eisenbahnnetz zu bauen, welches das von ganz Europa nahezu erreicht, wenn nicht ungefähr 3000 Millionen Franken deutscher und englischer Kapitalien dort angelegt wären? Käme nur recht viel »fremdes Geld« in die Schweiz, dann könnten die zahllosen brachliegenden Wassertriebkräfte an der Aare, Rhone, Reuss, am Rhein, Tessin u. s. w.

völlig ausgenutzt werden! Anderswo haben die Ökonomisten mit der vom Merkantilsystem verbreiteten Klage zu kämpfen: »Wehe, das Geld geht aus dem Lande!« Man denkt dabei nicht daran, dass das Geld schon aus dem Lande gehen darf, wenn recht viel Gegenwert dafür hereinkommt. Anders ist es mit dem Kapital, welches zu irgendeiner Anlage in ein anderes Land geht. Da hätte wohl das exportierende Land zu klagen, weil es höchstens die Zinsen wiedersieht, aber das Land, wo das Kapital angelegt wurde, sicher nicht, weil es dem Gewerbsfleiße neue Nahrung zuführte.

Wie man überhaupt in einem Atem »einerseits über Geldmangel und hohen Zinsfuß und andererseits über das Einführen fremden Geldes Klage führen kann«, das geht über unser Begriffsvermögen.

VIII. Der Zinsfuß und die Banken

Unter den Einrichtungen zur Organisation und Erleichterung des Kredits muss man dreierlei Art unterscheiden:

1. Den individuellen Geschäftsverkehr mit den Bankiers. Diese ist stets die bequemste dehnbarste Art des Kredits, doch ist sie mehr von persönlichem Befinden und Willkür abhängig als von gesetzlichen Reglementen.

2. Die Banken.

3. die Kredit-Genossenschaften, Vorschusskassen und Volksbanken, oder unter welchen verschiedenen Namen diese Assoziationen bestehen.

Die Genossenschaften unterscheiden sich im Wesentlichen dadurch von den Banken, dass sie in der Regel nur ihren Mitgliedern Darlehen geben und ihnen eine größere Verantwortlichkeit auferlegen, als die Aktionäre einer Bank tragen. Von den Genossenschaften wird weiter unten die Rede sein. Wir haben es zunächst mit den Banken zu tun.

Im Bankwesen muss man sehr genau voneinander halten:

a. Banken für den Bodenkredit, Hypothekenbanken;

b. Banken für den Personalkredit, Diskonto- und Zettelbanken, und

c. Banken für die Spekulation, Kreditanstalten.

Die zwei ersten und die zwei letzten können niemals ohne Schaden miteinander vereinigt sein. Die letzten halten wir überhaupt vom Übel.

Diskonto- und Notenbanken sind in der Schweiz nichts Neues; es bestehen solche zur großen Erleichterung des Publikums und zwar als Privatanstalten seit mehr als einer Generation in St. Gallen, Zürich, Basel u. s. w. Erst mit der Schwindelperiode, welche die Gründung des Pariser Crédit mobilier eröffnete, bürgerten sich auch die Mobiliar-Kreditanstalten in der Schweiz ein.

Diese Anstalten haben überall, wo sie gegründet wurden, nur zum Nachteil des Publikums gewirkt. Wir sind bereit, wenn es gewünscht wird, ihre unheilvolle Wirksamkeit durch authentische Belege zu beweisen, wollen aber hier ihre Missbräuche nur summarisch aufzählen.

a. Die Mobiliar-Kreditanstalten
Die durch die Kreditanstalten hervorgerufenen Missverhältnisse sind hauptsächlich Folgende:

Die Kreditanstalten oder ihre Gründer stützten sich schon bei Errichtung derselben auf die schlimmsten Leidenschaften der Menschen, die Sucht, schnell reich zu werden, auf das Börsenspiel oder die Agiotage. Bei vielen Kreditanstalten fing das Übel schon bei der Konzessionserlangung an. Um ein Beispiel aus vielen, und zwar ein entferntes, herauszugreifen, denn *nomina sunt odiosa*, führen wir nur die Darmstädter Kreditanstalt an. Bei derselben wurden nicht bloß bedeutende Gründungskosten angerechnet, welche unter die Ermittler der Konzession verteilt wurden, sondern die Gründer behielten sich auch noch einen namhaften Teil der Aktien zum Pari-Preise vor, bestachen mehrere Börsenzeitungen, welche über die betreffende Kreditanstalt, als ein Zaubermittel, reich zu werden, in die Posaune stießen, trieben dadurch und mittelst aller möglichen Börsenmanöver das damals vom Goldfieber geplagte Publikum so in die Hitze, dass die Aktien bis auf 60 % über Pari stiegen, zu welchen Preise dann die Gründer ihre Pari-Aktien verwerteten und die Aktionäre in der Patsche stecken ließen.

Lockende Versprechungen ungeheuern Gewinnes verleiteten das Publikum, seine Ersparnisse aus ihren sonstigen Anlagen zurückzuziehen, wo sie Gewerbe, Industrie und Handel zu speisen pflegten, und sie Aktien der Kreditanstalten anzulegen. Der Zudrang des Publikums setzte die Gründer in den Stand, neue Aktienemissionen vorzunehmen, bei denen sie sich stets Pari-Aktien vorbehielten, welche sie verkauften, sobald der Kurs durch alle möglichen Mittel in die Höhe getrieben war. So hat die genannte Darmstädter Bank allein drei Aktienemissionen, im Ganzen bis 50 Millionen Gulden, in den ersten Jahren beschlossen, während sie noch gar keine Kundschaft hatte; und außerdem wurde von denselben Gründern noch eine Zettelbank mit 20 Millionen Gulden gegründet, bloß um natürlich das Agio zu genießen. Man machte damals in Banken, wie ihnen Revalenta arabica und Hoff'schem Malzextrakt.

Die Folgen blieben nicht aus. Da Kundschaft, wie in jedem Geschäft, auch bei einer Bank nur nach jahrelangen Bemühungen erobert werden kann, so wurde, um die kolossalen Kapitalien, welche dem Verkehr und gerade dem kleinen Handwerker und Landwirt entzogen worden waren, nur zu beschäftigen, zum Börsenspiel gegriffen, es wurden faule Unternehmungen aufgekauft oder unter Protektion der Banken in Aktiengesellschaften verwandelt, welche meist früher oder später Bankrott machten. Die Aktien der Kreditanstalten sind natürlich jetzt, nach 8–9 Jahren, weit unter Pari gesunken; der großen Industrie wurde nicht geholfen, sondern meist nur faule Unternehmen unterstützt, welche keine Zukunft hatten und größtenteils bereits zu Grunde gegangen sind; das Geld dafür aber war dem kleinen Verkehr entzogen worden, welcher mit den Aktionären den Schaden, während die Gründer ihre Schäfchen längst ins Trockene gebracht hatten.

Wenn es bei den schweizerischen Kreditanstalten auch nicht so schlimm hergegangen ist wie bei der Darmstädter Bank und anderen auswärtigen, weil das Publikum mehr daran gewöhnt ist, selbst zu prüfen; wenn auch ein Teil des für diese Kreditanstalten aufgebrachten Kapitals aus dem Ausland gekommen ist, so lässt sich doch auch von ihnen, gelinde gesagt, der Vorwurf nicht abwehren, dass sie wenigstens zum Teil inländische Kapitalien aufgesogen und zum Teil in schlechte Unternehmungen des Auslandes gesteckt haben, welche sonst dem inländischen Gewerbsfleiß zugutegekommen wären. Wir wollen diesen Gegenstand hier nicht weiter verfolgen stehen aber zu jedem näheren Beweise bereit.

Eines können wir mit Bestimmtheit aus dem Gesagten folgern: dass die Regierung des Kantons Bern keine Konzession zu einer Kreditanstalt, am allerwenigsten in Verbindung mit einer Notenbank, hätte erteilen sollen. Dies ist gerade die allergefährlichste Form welche einer Bank gegeben werden kann. Das Beispiel der Genfer Bank hätte davor abschrecken sollen. In anderen Staaten hat man diese Kombination selbst in der Blütezeit des Schwindels nicht gewagt. Die Gründe sind leicht zu begreifen. Eine Zettelbank muss zur Einlösung ihrer Noten und zur Rückzahlung der bei ihr hinterlegten Depositen nicht bloß einen starken Barfonds vorrätig haben, sondern auch ihre sämtlichen Fonds stets auf kurze Zeit disponibel und flüssig halten. Eine Kreditanstalt aber, die sich in Spekulationen einlässt, ihre Fonds in guten oder schlechten Fabriken, Eisenbahnen oder anderen Unternehmungen festnagelt, ist nicht sicher, ob ihr Barvorrat stets zur Einlösung genügt; sie muss bei dem ersten Rennen auf die Bank zusammenbrechen. Schon ganz feste Etablissements mit bestimmt vorgezeichnetem Zwecke gedeihen besser in Händen von privaten als von Aktiengesellschaften. Spekulationen können aber niemals durch Aktiengesellschaften gedeihlich unternommen werden. Auch dafür bieten wir den Beweis an. Es zeugt daher von Einlenken in bessere Bahnen, dass die Eidgenössische Bank eine Selbstbeschränkung der in dieser Hinsicht durch ihre Konzession ihr eingeräumten Befugnisse auf eigenem Antrieb in der letzten Generalversammlung beschlossen hat und sich allmählich auf das Diskontogeschäft beschränken will.

Beim Crédit mobilier in Paris kommt das Prognostikon, dass die Volkswirtschaft den Mobiliarkreditanstalten stellte, bereits zu Tage.

Eine Reihe von Jahren hindurch hat die Administration des Crédit mobilier im Monat Dezember jeden Jahres alle Segel aufgespannt, um den Cours der Aktien in die Höhe zu treiben und am letzten Dezember eine günstige Jahresbilanz ziehen zu können. Da wurden einmal – wenn wir nicht sehr irren – bis zu 14 % Dividenden ausgerechnet. Nach dem 1. Januar des folgenden Jahres reffte man die Segel wieder ein und der Kurs sank wiederum so viel, als er künstlich hinaufgeschraubt war. Man hatte die Aktionäre über den Stand der Dinge getäuscht, eine falsche Bilanz gemacht, Dividenden vom Kapital bezahlt. Nachdem nun Börse und Publikum gewitzigt sind und das süße Locken der Vogelsteller nichts mehr hilft, kommt die wahre Lage an Tag. Der Gewinn pro 1864 beträgt nur 2.199.624 Fr., so dass ohne Heranziehung des Reservefonds der Vorjahre mit 5.688.583 Fr. nur 3 ⅔ % Zinsen hätten verteilt werden können.

Betrachtet man aber überdies die Bilanz näher, so sieht es noch schlimmer aus. Der Crédit mobilier schuldet im Kontokorrent 95 Millionen, für Wechsel 7 Millionen; er hat also für 102.169.820 Fr. täglich fällige Verbindlichkeiten. Diesen Engagements stehen nur 38 Millionen bei der Bank, 24 Millionen Effekten und die verschiedenen Aktiengesellschaften (Rivoli, Transatlantiques u. s. w.) gemachten Vorschüsse von 80 Millionen, welche weder sicher noch leicht zu liquidieren sind, gegenüber. Unter solchen Umständen könnte der Crédit mobilier einer Krisis nicht widerstehen. Das hat man also davon, dass das Kapital künstlich aus den Geschäften gelockt wurde, um den Crédit mobilier zu speisen, der, um es zu beschäftigen, riskierte und faule Unternehmungen machte, und überhaupt schlechter wirtschaftet als der Privatmann.

In die Komik artete das Spiel an der Frankfurter Börse aus. Die Gründer der Darmstädter Kreditanstalt hatten, um in der Zeit des Schwindels, wo das Publikum sich goldene Berge von Kreditanstalten versprach, den Rahm abzuschöpfen und die für sich reservierten Pari-Aktien vorteilhaft zu verwerten, solange infolge jener günstigen Stimmung und sonstiger Manöver in der Presse u. s. w. der Kurs stieg, nicht bloß eine zweite Aktien-Emission durchgesetzt, sondern sogar eine dritte beschließen lassen. Da das Kapital der ersten noch nicht einmal beschäftigt werden konnte, sondern zum Teil in Börseneffekten angelegt wurde, verschoben sie die wirkliche Emission und begnügten sich, Berichtigungsscheine zum Zug dieser künftigen Aktien dritter Emission auszugeben. Diese Berechtigungsscheine (nach Law's Vorgang von der Baisse-Partei »Darmstädter Enkel« genannt) hatten gleich einen Cours von 50 Gulden – einmal stiegen sie infolge von Börsenmanövern bis 120 Gulden. Jetzt kommt aber die Anomalie: Sie standen noch auf 50, als die Aktien selbst, auf deren künftigen Bezug sie nur ein Anrecht geben sollten, bereits unter Pari gesunken waren! Die Gründer waren so schlau gewesen, die »Enkel einzusperren«, als die in diesem Falle vollständig rationell handelnde Baissepartie sie auf Zeit verkaufte.

b. Diskontobanken

Zugegeben also, dass die Kreditanstalten das Kapital aus besseren Anlagen gelockt und schlechtere verwendet haben, das Geld unter dem Gewerbetreibenden und Landwirten rarer, den Kredit schwerer gemacht und dadurch zur Erhöhung des Zinses beigetragen haben, so lässt sich der gleiche Vorwurf nicht den Diskontobanken machen, wenigstens nicht mit demselben Rechte. Die Zettelbanken vermindern nicht die Umlaufmittel, sondern vermehren sie um gerade so viel, als die zirkulierenden Banknoten den Bankvorort übersteigen. Nun wissen wir recht gut, dass Umlaufmittel und Geld an und für sich noch nicht das Kapital sind, sondern nur ein kleiner Teil desselben, weil jeder, der Kapital borgt, es immer gleich in dasjenige verwandelt, was er braucht, in einer Eisenbahn, in ein Haus, in Vieh, in Heu, während das Geld in diesem Falle nur Tauschmittel und Repräsentant ist; allein um jenen Überschuss der zirkulierenden Banknoten über den Barvorrat wird es doch vermehrt, und dies beträgt auch in der Schweiz Millionen.

Wenn gar in einem Blatt gefragt wurde: »Wie kann man einem Privatinstitute (wie der Eidgenössischen Bank) die Emission von Banknoten erlauben, ihm ein Privilegium einräumen, dass bisher nur Staatsbanken zustand – ein Privilegium, dass in das Münzregal hineinstreife«, so ist darauf zu erwidern, dass diese Fragen sehr komisch sind. Einerseits gibt es seit langer Zeit in England, Schottland, Amerika, Deutschland und selbst in der Schweiz (Zürich, St. Gallen), was doch bekannt genug sein sollte, Privatnotenbanken; andererseits sind Banknoten, weil sie jederzeit bei Vorzeigung an der Bank gegenüber ausgelöst werden müssen, Schuldscheine *au porteur* und haben mit dem Münzregal nichts zu tun. Man durfte, um volkswirtschaftlich zu handeln, der Eidgenössischen Bank nicht die Rechte einer Mobiliar-Kreditanstalt neben dem Notenemission zugleich einräumen; allein als einer Privat-Diskontobank dürfte man ihr letzteres Recht unbedenklich gestatten.

Auf der anderen Seite aber geben wir allerdings zu, dass die Diskontobank dazu beitragen, den Zins auf größere Distanzen hin auszugleichen; dass also, wenn ein Teil eines Landes, der sehr industriell ist und Unternehmungen macht, viel Kapital braucht, während ein anderer weniger, in jenem der Zins steigt; und dass dann der erleichterte Geldverkehr die Bank auch den Zins in der mehr ackerbautreibenden Gegend steigen macht. Es ist richtig, dass deshalb die mehr ackerbautreibenden Kantone der Schweiz höheren Zins zahlen müssen, wenn der Zinsfuß in Zürich und auf den auswärtigen Geldmärkten steigt. Allein die Ackerbaukantone dürfen auch nicht vergessen, dass die Ausfuhr der Schweiz über 500 Mill. Franken an Wert erreicht und dass man eine Menge guter Dinge nicht einführen, namentlich auch eine Menge Arbeiter in den viehzuchttreibenden Kantonen von St. Gallen und Appenzell nicht ernähren könnte, dass überhaupt die Schweiz aus einem wohlhabenden ein armes Land würde, wenn sie nicht diesen kolossalen Export von selbstverfertigten Waren hätte. Wenn nun die Fabrikanten durch die amerikanischen Wirren verhindert worden sind, ihre Ausstände richtig einzuziehen – denn durch die übertriebene Ausgabe von Papiergeld in Amerika stieg das Goldagio bis über das Doppelte, während das gesetzliche Zahlmittel Papier war; jeder ließ alsso seine Ausstände unerhoben in Hoffnung baldiger Besserung –, wenn dadurch, um sich zu helfen, das Geldbedürfnis im Lande und infolgedessen der Zinsfuß stieg, wenn darunter auch die Landbevölkerung leidet, so sind deshalb nicht die Diskontobanken anzuklagen. Die Landwirte müssen aber die folgende allgemeinen Kamalitäten mittragen helfen; sie würden sogar patriotisch handeln, wenn sie mit den Fabrikanten zusammenträten, um die Mittel und Wege zu beraten, durch welche das Übel gemildert und dessen Folgen minder gefährlich gemacht werden können. Am Gedeihen des schweizerischen Gewerbefleißes haben alle ein fast gleiches Interesse.

c. Hypothekenbanken

Auch Hypothekenbanken dürfen nicht mit Diskontobanken vereinigt werden oder müssen wenigstens eine vollständig getrennte Verwaltung finden, weil die Letzteren, wie gesagt, ihre Fonds kurzer Zeit eintreiben, während jene sie auf 10, 20, 30, 40 Jahre hin ausleihen und, wo sie richtig organisiert, erst durch Amortisation zurückgehalten.

Wenn nun kürzlich auf der einen Seite der Vorschlag gemacht worden ist, die Hypothekenkasse solle Banknoten ausgeben, so beruht dies auf einem völligen Verkennen des Wesens einer Hypothekenbank. Eine Hypothekenbank, welche als solche Banknoten ausgibt, muss bankrott werden, weil sie keinen genügenden Barfonds disponibel hat, um die Banknoten auf Präsentation einzulösen. Die Kantonalbank hingegen als Diskontobank kann Banknoten ausgeben; indessen ist dies immer ein gefährlich und verlockend Geschäft für eine Staatsbank.

Auf der anderen Seite wird verlangt, man solle die Kantonalbank und Hypothekenkasse speisen und reorganisieren. Wir antworten darauf, dass sie sich von selbst speisen, wenn sie reorganisiert, d.h. keine Staatsinstitute mehr sind.

Hypotheken und Diskontobanken müssen sich, nachdem sie einmal mit einem gewissen Grundkapital bei ihrer Errichtung dotiert sind, von selbst speisen – durch das Vertrauen des Publikums. Zu Staatsanstalten, welche durch jeden Umschlag im politischen Wetter links oder rechts beeinflusst und in ihren Operationen gestört werden können, in deren Verwaltung der Staat häufig unbefugt Eingriff oder Einfluss übt, fast das Publikum in der Regel wenig Vertrauen und legt seine Ersparnisse da weniger an als in Privatanstalten. Wir brauchen als Beispiel nur die österreichische Nationalbank und den Stand der Valuta in Österreich anzuführen, welche mit ihren enormen Schwankungen die Preise erhöhte und das Geschäftsleben außerordentlich lähmte. Bei Privatbanken soll das Grundkapital eigentlich nur als Sicherheit dienen; das Geschäft muss, wenn alles in Ordnung ist, mittels der Darlehen des Publikums, das heißt bei Diskontobanken mittels der Depositen und bei Hypothekenbanken mittels der Obligationen gemacht werden. Allein Staatshypothekenbanken gibt man nicht so gerne Darlehen als Privatanstalten.

Warum will man nicht andere rühmliche Beispiele, die in der Schweiz gegeben sind, nachahmen?

Der Kanton Neuenburg besitzt seit Ende 1863 eine private Hypothekenbank, die vortreffliche Dienste leistet.

Wir entnehmen dem kürzlich ausgegebenen Jahresberichte der erwähnten Neuenburger Hypothekenbank Aufschlüsse, welche weitere Verbreitung verdienen.

Wie wir früher angedeutet, dient bei den Neuenburger Hypothekenbank das Grundkapital von 2.000.000 Fr. gewissermaßen nur als Sicherheit. Darauf dürfen die 5.000.000 Fr. Obligationen ausgegeben werden, bis eine neue Aktienemission nach den Statuten erfordert wird.

Über diese Obligationen oder Pfandbriefe drückt sich der Rechenschaftsbericht vom 26. Januar 1865 sehr sachverständig, wie folgt, aus:

»Die Gründung einer Anstalt für den Bodenkredit in Neuenburg hat ein neues Wertpapier geschaffen – die Grundobligationen (*obligations foncières*) oder Pfandbriefe, deren in Deutschland, Frankreich, Belgien und Holland für 2 Milliarden Franken Umlauf sind. Der Geschäftsgang ist dabei folgender: Ein Grundeigentümer verlangt ein Darlehen auf hypothekarisches Unterpfand seiner Immobilien oder eines Teils derselben, deren Verkaufspreis in der Regel den Belauf des Darlehens 30 bis 50 % übersteigen muss, je nach der Güte des Unterpfandes und der Amortisationsrate. Die Direktion der Hypothekenbank prüft genau die Besitztitel des Darlehensuchers und ermittelt den Wert des Gutes. Über diese beiden Punkte unterrichtet, streckt sie die Summe vor, welche sie auf das Unterpfand her leihen zu können glaubt. Die Rückzahlung geschieht in jährlichen Ratenzahlungen. Für einen dem Betrag des Darlehens angemessenen Gegenwert emittiert die Bank sodann Pfandbriefe; durch Emittierung dieser Pfandbriefe verpflichtet sich die Gesellschaft, den Inhaber regelmäßig die Zinsen zu zahlen und das Kapital in einer vorausbestimmten Frist zurückzuerstatten, respektive die Pfandbriefe in bestimmter Zeit wieder einzulösen. Jene Zinsen erhält die Bank vom Hypothekenschuldner, das Kapital aber Ende eines jeden Jahres in Gestalt der Annuität, welche von diesen zur allmählichen Tilgung der Pfandschuld abgetragen wird.« Diese Einrichtung der ratenweisen Amortisation der Hypothekenschulden, wobei die meisten Banken den Schuldnern auch ausnahmsweise größere Zahlung gestatteten oder zuweilen Fristerleichterungen bewilligen, ist eine der größten Wohltaten für den Landwirt, weil er sich allmählich, fast ohne es zu merken oder ein Opfer sich aufzuerlegen, schuldenfrei machen kann.

Es gibt also nichts Einfacheres als die Natur des Pfandbriefes. Als Hauptwerkzeuge des Bodenkredites bieten die Pfandbriefe der Bank dieselbe hypothekarische Sicherheit als die einfachen Privat-Hypothekenbriefe, von denen sie nur der Gegenwert in Bruchteilsgestalt sind. Wenn sie auf der einen Seite nicht das oft unbequeme Vorrecht einer Spezial-Hypothek auf dieses oder jenes bestimmte Grundstück oder Haus haben, so besitzen sie auf der anderen Seite den ungeheuren Vorteil, garantiert zu sein durch die ganze Masse der der Bank verpfändeten Grundstücke sowie durch das Gesellschaftskapital. Es ist damit die Kollektiv-Sicherheit anstelle der Sicherheit gegeben, welche die einzelne Hypothek gewährt. Durch die Pfandbriefe wird der Hypothekarvertrag mobilisiert, in dem er geteilt wird. Ursprünglich bloße Pfandurkunden, werden die Pfandbriefe mobil durch das Kreditinstitut, welches sie emittiert; sie haben alle Vorteile der mobilen Wertpapiere mit weit größerer Sicherheit.

Die Neuenburger Hypothekenbank gibt drei Arten von Pfandbriefen aus:

1. Obligationen auf den Namen ausgestellt, zum Betrag von wenigstens 500 Fr., zu 4 % jährlich verzinslich, rückzahlbar nach dem ersten Jahr auf Verlangen des Gläubigers mit 6-monatlicher Kündigung, sowie nach dem zweiten, dritten, vierten und fünften Jahre.

2. Obligationen auf den Namen ausgestellt, zum Betrag von wenigstens 500 Fr., zu 4 % halbjährlich zahlbar an Zinsen und rückzahlbar nach dem sechsten, siebenten, achten, neunten und zehnten Jahre auf Verlangen des Gläubigers.

3. Obligationen auf den Inhaber (*au porteur*) von 1000 Fr., zu viereinhalb Prozent jährlich verzinst und rückzahlbar nach dem 15. Jahre.

Die Neuenburger Hypothekenbank gibt stets etwas weniger Obligationen aus, als sie Darlehen gibt, indem sie Grundkapital noch mit in Anspruch nimmt.

Die Vorteile, welche Pfandbriefe vor Staatsobligationen, Eisenbahnaktien und anderen industriellen Papieren dem Kapitalisten darbieten, sind:

1. Sichere Anlage. Die Pfandbriefe sind den Schwankungen der Spekulation und der finanziellen Krisen nicht ausgesetzt, sondern von den doppelten Sicherheiten des Kollektiv-Unterpfandes und des Bankkapitals gedeckt.

2. Eine Rente, welche der aus den sichersten Anlagen anderer Art mindestens gleichkommt.

3. Regelmäßige Zinszahlung.

4. Leichter Umsatz des Kapitals im Falle des Bedürfnisses, während gewöhnliche Hypothekenbriefe erst gekündigt werden müssen.

5. Gewissheit der vollen Rückzahlung der Schuldenurkunde nach Ablauf des Termins, während bei gewöhnlichen Hypothekenschulden in Zeiten der Krisis und im Falle von Zwangsversteigerungen zuweilen nicht der Schätzungswert herauskommt.

Allerdings werden die Pfandbriefe, da sie keine Spekulationspapiere sind, von solchen Kapitalisten nicht gesucht, welche rasch große Gewinne machen wollen, ohne sich viel um die Sicherheit der Anlage zu kümmern; noch weniger von solchen, welche dem Börsenspiel sich hingeben. Allein sie sind die solidesten Wertpapiere für Stiftungen, Kuratelen, kommunale oder sonstige gesellschaftliche Vermögensanlagen, für alle diejenigen, welche sonst auf Hypothek ausleihen würden, für alle, welche sparen und eine sichere Anlage mit regelmäßigem Zinsenbezug wünschen. Sie sind die allersolideste Form einer Sparkasse, weil sie zugleich den Landmann instandsetzen, sich schuldenfrei zu machen, und dadurch ein kolossales neues Kapital schaffen, welches für die Industrie zum Vorteil des ganzen Volkes verfügbar wird. Daher fehlt es den Privat-Hypothekenbanken selten an Kapital.

Die zweckmäßige Einrichtung der Neuenburger Hypothekenbank hat dieselbe in Stand gesetzt, in dem einzigen Jahre ihres Bestehens für 2.029.705 Fr. Pfandbriefe in Umlauf zu setzen, trotzdem dass die in Folge des amerikanischen Krieges eingetretene Finanzkrisis der Ausdehnung des Geschäftes wesentlich im Wege stand.

Einer Staats-Hypothekenbank steht das Kapital nicht in derselben Weise zur Verfügung. Auch ist die Gefahr vorhanden, dass der Staat Geld teurer annehmen muss, als er es herleiht, und dass dann Einzelne auf Kosten der Steuerzahler begünstigt werden, was ein kommunistischer Grundsatz ist, welche am wenigsten in einem demokratischen Gemeinwesen Platz greifen darf.

Überall, wohin wir blicken, sehen wir nur Heil von der Selbsthilfe, nicht von der Staatshilfe. Übrigens ist es leicht, die Fehler der Staatskreditinstitute an zahlreichen Beispielen näher nachzuweisen. Dagegen gedeihen die zahlreichen Privat-Hypothekenbanken, welche in anderen Kantonen und in Deutschland seit einer Reihe von Jahren gegründet worden sind, so erfreulich und gewähren den Landwirten so leichten und bequemen Kredit, dass die Privattätigkeit nichts zu wünschen übrig lässt. Man prüfe nun und wähle das Beste.

Die Freiburger Hypothekenkasse hatte auf den 30. April eine Generalversammlung ihrer Aktionäre ausgeschrieben, um derselben den Antrag zur Genehmigung vorzulegen, dass die Kasse ermächtigt werden solle, Banknoten bis zum Belauf des dritten Teiles des Aktienkapitals (von 3 Millionen) zu emittieren. Bei Auszahlung von hypothekarischen Darlehens, soll das Kapital zu einem Fünftel in solchen Noten bezahlt werden können. Die Kasse soll's stets wenigstens den dritten Teil der ausgegebenen Zettel in bar vorrätig haben. Die Staatskassen sollen diese Noten annehmen. Zunächst sollen für 100.000 Fr. Noten ausgegeben werden.

Wir halten diesen Antrag für so bedenklich und müssen vor seiner Annahme, als eines Präjudizes der schlimmsten Art, so ernst warnen, dass wir uns genötigt sehen, unsere Gründe ausführlich anzugeben.

Die Veranlassung dieses Antrages liegt in den gegenwärtigen Verhältnissen des Kapitalmarktes. Während auf der einen Seite die

Anlage von Privatkapital in den Pfandbriefen der Hypothekenkasse in Abnahme begriffen ist, vermehren sich die Gesuche um Hypotheken-Darlehen. Die Stadtobligationen sind von 100 auf 80 gesunken. Zugleich gewährt die Kantonalbank auf ihre jederzeit rückzahlbaren Depositen einen ebenso hohen Zins als die Hypothekenkasse auf ihre Pfandbriefe (Cédules) mit sechsmonatlicher Kündigungsfrist.

Wenn diese Behauptung des »Confédéré« richtig ist, dann muss die Geldnot schon einen hohen Grad erreicht haben, denn solide Diskontobanken pflegen auf jederzeit rückzahlbare Depositen keinen Zins zu zahlen. Wenn aber ein Übel bereits eine solche Ausdehnung gewonnen hat, dann muss man doppelt vorsichtig in der Wahl der Mittel zur Abhilfe sein. Man muss sich namentlich hüten, ein Loch aufzureißen, um ein anderes damit zu verstopfen.

Vor allen Dingen muss man sich klarmachen, was die Ursache des Kapitalmangels ist! Vergesse man noch nicht, dass die Schweiz mit dem Eisenbahnbau bis 1848 gegen die Nachbarländer im Rückstand geblieben war, und von da an in außerordentlich kurze Zeit das Versäumnis mehr als nachgeholt, sogar Konkurrenzbahnen eingerichtet hat, welche ungeheure Kapitalien verschlangen. Man nimmt an, dass gegen 300 Millionen Franken in Eisenbahn stecken, die keine Zinsen tragen. Wenn nun auch ein großer Teil dieses Verlustes Kapitalisten im übrigen Europa trifft, so ist doch auch genug schweizerisches Kapital in Mitleidenschaft gezogen worden. Gerade der Kanton Freiburg gibt mit seiner seit wenigen Jahren für ein Land von diesem Umfang kolossal angewachsenen Schuldenlast (von ca. 36 Millionen auf 92.000 Bürger) das beste Beispiel, welche Summe von Kapitalien aufgebracht worden ist. Soll dies aber den ganz spurlos vorübergehen, soll die Hypothekenkasse nichts davon spüren, soll für Freiburg allein der Kapitalmarkt unerschöpflich sein?

Nehme man einen Privatmann. Wenn ein solcher, der bis zum Belauf des Betrages seines Vermögens Geschäfte gemacht und auch noch, soweit sein Kredit reichte, geborgt hat, um sich weitere Mittel zu verschaffen, Wechsel zieht, welche von ihm selbst vor Verfall, mit anderswoher flüssig gemachten Geldern gedeckt werden – so heißt man diesen Geschäftsmann einen Wechselreiter. Er verliert allmählich den Kredit und geht in der Regel zu Grunde. Es ist einmal eine bestimmte Grenze gezogen, über die man nicht hinaus kann. Zu dem starken Verbrauch von Kapitalien durch die Eisenbahnen kamen auch noch die amerikanische Krisis. Das enorme Steigen des Goldagios in Nordamerika hinderte Kaufleute und Fabrikanten lange Zeit, sich Rimessen für ihre Warensendungen schicken zu lassen; denn ehe man 50 % an Rimessen verlor, versucht man lieber sich bei den Kapitalisten im Lande zu gesteigertem Zinse zu helfen. Dies muss natürlich auch auf den Geldmarkt der nicht industriellen Kantone der Schweiz drücken. Die Stockung wurde zwar zum Teil dadurch ausgeglichen, dass Amerika anfing, mehr Ware zu exportieren, deren Ausfuhr wegen des Preises früher nicht möglich war – es exportierte z.B. allein an Nähmaschinen für Millionen nach Deutschland und in die Schweiz –, allein fühlbar genug blieb sie immerhin bis in die neueste Zeit.

Gegen solche Zustände lässt sich nicht mit Kunststücken und Palliativen aufkommen. Sie müssen eben getragen sein. Sie sind einem verheerenden Naturereignis vergleichbar, dessen Schäden der Mensch erst wieder durch Arbeit bessern kann, einer Wunde, die zur Heilung einer bestimmten Zeit bedarf. Das beste Mittel ist – Sparsamkeit.

Man wird uns nun vielleicht antworten: Das ist schön gesagt, aber wie helfen wir jetzt – wie erhalten wir das nötige Kapital? Darauf entgegnen wir:

Auf dem Wege, welchen Sie da einschlagen wollen, erhalten Sie es auf keinen Fall. Sie untergraben vielmehr Ihren Kredit und den Kredit des Kantons Freiburg überhaupt.

Die Noten der Hypothekenkasse würden, in Folge der Bestimmung, dass die Staatskasse sie annehmen soll, eine Art Staatspapiergeld. Wir wollen nun nicht zu strenge sein und zugeben, dass ein Staat unter Umständen in einem gewissen Maße Papiergeld ausgeben kann, allein wenn er die Ausgabe von Papiergeld gestatten wollte, unter Motiven, wie sie in dem Bericht des Aufsichtsrates der Freiburger Hypothekenkasse aufgeführt sind, so würde allein das Bekanntwerden dieser Motive in weiteren Kreisen den Kredit des Kantons untergraben.

Da steht nämlich auf Seite 5 des Berichtes, dem Einwurfe gegenüber, dass man das Kapital des Landes durch Papier nicht beliebig vermehren könne, weil dieses das Produkt der Arbeit sei, wörtlich folgende Behauptung:

»Es genügt uns zu sagen, dass der Boden der Haupt-Erzeuger aller möglichen Kapitalien ist. Ohne Zweifel muss man die Arbeit hinzufügen, sonst könne der Boden an und für sich allein nicht die unermesslichen Umlaufskapitalien hervorbringen. Indem man Noten ausgibt, sie einen Teil des Wertes des Landes repräsentieren lässt, vermehrt man offenbar das Umlaufkapital, und gerade dieses Kapital ist es, welches im Kanton Freiburg fehlt.«

Wir trauten unseren Augen kaum, als wir dies lasen. Das sind die Grundsätze des auf die Mississippi-Nebel gründeten Law'schen Obligationen-Schwindels und der Assignatenfabrikation.

Die Assignaten waren sämtlich durch gute Nationalgüter gedeckt. Warum, meine Herren vom Freiburger Aufsichtsrat, hat man wenige Jahre nach ihrer Ausgabe Zimmer damit tapeziert?

Seltsam, dass man die Erfahrung anderer nicht für sich selbst benutzen, sondern erst durch eigenen Schaden klug werden will. Man will helfen mit demselben Mittel, welches gerade durch seine übermäßige Anwendung (die Greenbacks) in Nordamerika die gegenwärtige Geldkrisis hauptsächlich heraufbeschworen hat. So, meine Herren, verstehen wir die Lehre von den Gegengiften nicht.

Wer übergehen die Verwechselung zwischen Geld und Kapital, zwischen Kapital und Schuldschein, welche wir in der angeführten Stelle finden, und begnügen uns mit der Bemerkung, dass eine Eisenbahnaktie an und für sich kein Kapital, sondern nur ein Schuldschein ist, für einen Teil des in die Eisenbahn verwendeten und von ihr dargestellten Kapitals, d.h. des Bodens, des Holzes, der Schienen, der Arbeitslöhne resp. der Lebensmittel, welche nötig waren, um die Arbeiter zu ernähren, als sie die Eisenbahn machten. Das Kapital existiert nicht zweimal, einmal in der Eisenbahn und dann in deren Aktien, sondern die Aktien sind nur die Schuldscheine, welche auf den Bezug des Ertrags des in der Eisenbahn steckenden Kapitals berechtigen.

Man kann also nicht das Kapital vermehren durch Ausgabe von Hypothekenschuldscheinen oder Pfandbriefen.

Auf der anderen Seite ist damit, dass ein Grundstück einen bestimmten Wert hat, durchaus nicht ausgemacht, dass man es auch gleich verwerten kann oder dass deshalb auch gleich das Hypothekenkapital dafür vorhanden sei. Dieses hängt von den Ersparnissen des Privatpublikums, von dem Anwachsen des Kapitals, vom Stand des Kapitalmarktes ab. Der Kanton Freiburg hat eben den ihm zu Gebote stehenden Kapitalvorrat und Kredit erschöpft. Der Versuch, ihm durch Fabrikation von Papiergeld wieder auszuhelfen, ist ein ganz verfehlter.

Untersuche man doch, zu was das Geld dient. Es dient, um die im Lande vorkommenden Tausche zu vermitteln. Zu den innerhalb einer bestimmten Zeit – nehmen wir Jahresfrist – vorkommenden Geschäftsumsätzen braucht man eine bestimmte Summe Geldes – nicht mehr und nicht weniger. Da das Geld fortwährend zirkuliert und in einem Jahre 10- bis 100-mal den Besitzer wechselt, also zu ebenso viel Umsätzen dient, so braucht man einen 10- bis 100-mal geringeren Betrag an Geld, als Tausche stattfinden. Vermehrt man das Geld über das Bedürfnis hinaus, so muss es im Preise sinken, oder außer Landes gehen, oder die Preise der Waren müssen steigen. Nehmen wir z.B. an, dass die im Kanton Freiburg bei 100.000 Einwohnern jährlich stattfindenden Umsätze 60 Millionen Fr. betragen, so werden dazu kaum 4 Millionen Geld notwendig sein, weil diese fortwährend zirkulieren. Im Clearinghouse in London, wo die Forderungen der Bankiers und der großen Geschäftshäuser täglich kompensiert werden, genügen 20.000 Pfd. St. Münze oder Noten für den Umsatz von 3.000.000, welcher täglich da stattfindet. Gesetzt, die 4 Millionen beständen aus Gold und Silber, und es wird für 2 Millionen Papiergeld ausgegeben, so geht so viel Metall aus dem Lande. Werden 4 Millionen Papiergeld ausgegeben, so verschwindet alles Metallgeld; wie wir dies in Österreich, trotz Metallausfuhrverbotes, 1848 erlebt haben. Werden 6 Millionen Papiergeld ausgegeben, so sinkt das Papiergeld um 33 1/3 % im Wert, d.h. 6 Millionen Papier werden nur 4 Millionen Münze wert sein. Wird der Zwangskurs des Papiergeldes erklärt, wie jetzt in Amerika und Österreich, dann steigt das Metallgeld umso viel im Preise, d.h. man muss Gold- oder Silberagio zahlen und die Waren erhalten nicht bloß einen entsprechenden Aufschlag, sondern sie steigen noch höher, wenn auch noch eine Prämie für die Unsicherheit der Transaktionen bei schwankender Valuta gezahlt werden muss. Alle diese Erscheinungen sind keine bloßen Behauptungen, sondern in der Finanzgeschichte erwiesene Tatsachen, die heute noch in Österreich, Nordamerika und Russland offenbar da liegen.

Nun mag man allerdings sagen: Dieses Verhältnis steht unserem Plane nicht im Wege, denn wir beabsichtigen jetzt vorläufig nur 100.000 Fr. und im Ganzen höchstens 1 Million auszugeben. Die Summe des Papiergeldes würde also das Bedürfnis an Umlaufmitteln nicht überschreiten, folglich können auch keine solche Erscheinungen eintreten!

Darauf ist zu erwidern: *Ce n'est que le premier pas qui coûte!* Bisher hat die Finanzgeschichte aller Länder erwiesen, dass man sich in diesen Schranken nicht zu halten wusste. Zuerst wurde im Kleinen der Versuch gemacht, und als er glückte, ging man Schritt vor Schritt weiter, bis auf einmal über Nacht die Kalamität da war. Es ging wie bei jenem vierspännigen Wagen, den man mit Stecknadeln beladet. Eine Stecknadel mehr können die Pferde gewiss noch ziehen. Fährt man aber so fort bis auf 200 Zentner, so kommt doch der Augenblick, wo die Pferde den Wagen nicht mehr fortbringen, wenn auch nur noch eine einzige Stecknadel hinaufgeworfen worden ist.

Es kommt dazu, dass in ruhigen Zeiten viel mehr Geschäfte gemacht werden, also mehr Geld zum Umtausch notwendig ist; sobald aber eine Krisis eintritt und die Umsätze stocken, so ist eine so geringe Summe von Umlaufsmitteln genügend, dass auch ein ganz kleiner Betrag von Papiergeld zu viel wird. Solange die Geschäfte ihren Gang gehen, ahnt man nichts; ist aber die Krisis und die Stockung da und das bare Geld verschwindet, weil das Papier genügt und jeder es los sein will, dann bricht auch leicht die Panik aus; die Einlösungskassen der Banken werden bestürmt und oft zur Einstellung der Zahlungen gezwungen; oder wenn Papiergeld mit Zwangskurs besteht, dann nimmt die Valuta jene schrecklichen Schwankungen an, welche den Handel völlig lähmen.

Nun kann man allerdings erwidern, das Gesagte gilt auch von Zettelbanken; und der Bericht des Freiburger Aufsichtsrates führt gerade an, ich weiß nicht aus welchen Quellen, dass die Bank von Frankreich auf 100 Millionen Barfonds 800 Millionen Banknoten in Umlauf habe. Wir wollen diese ganz irrige Behauptung nicht weiter untersuchen; wir können sie annehmen, weil sie für die Zulässigkeit der Notenemission einer Hypothekenbank nichts beweist. Ein Diskontobank, welche Noten emittiert, macht nur Geschäfte von kurzer Umlaufszeit. Sie hat außer dem Barfonds den Betrag der umlaufenden Noten in guten Wechseln im Portefeuille, die stets fällig werden und verkauft werden können. Hypothekenbanken aber legen ihr Darlehen fest und unkündbar an. Bei der Hypothekenkasse wäre es nach dem Vorschlag des Berichts anders. Außer dem Barfonds für ein Drittel würden die zwei anderen Drittteile in Wertpapieren gedeckt, die bei anderen Kreditinstituten deponiert werden sollen, um bei diesen dafür laufende Rechnung zu genießen. Diese Vorkehrungen würde aber gerade in der Krisis, für welche eine Bank sich stets gewappnet halten muss, nicht Stich halten, denn dann haben die anderen Banken selbst genug zu tun, um sich selbst zu sichern und können keine Barmittel entbehren.[1] Die zwei Drittel Noten der Hypothekenkasse müssten also, wenn sie präsentiert würden, uneingelöst bleiben. Nehme

[1] Heißt es doch am Schluss des Berichtes des Aufsichtsrates selbst wörtlich: »Alle Welt weiß, dass im Fall der Krisis das erste, was in jeder Bank verschwindet, das Porte-

man aber ein einziges Mal einen solchen Fall an, so ist es um den Kredit der Hypothekenbank geschehen. Wer würde ihr dann noch Kapitalien gegen ihre Pfandbriefe anvertrauen, was doch eigentlich die Hauptquelle ihres Betriebsfonds sein muss?

Wenn der Aufsichtsrat der Freiburger Hypothekenkasse meint, Noten einer Hypothekenbank verdienten mehr Kredit als einer anderen Bank, weil sie mit Grund und Boden gedeckt seien – so irrt er gewaltig. Er verwechselt vielleicht Obligationen oder Pfandbriefe mit Noten; Kapital mit Geld. Wir schließen.

Wir geben zu, dass die Hypothekenkasse durch Ausgabe einer mäßigen Summe von Papiergeld, welche einen Bruchteil des zum Gesamtumsatz notwendigen Umlaufmittels nicht überschreitet, ihr Kapital vermehren kann und dass sie durch die Bestimmung der Annahme bei den Staatskassen auch über Verlegenheiten hinauskommen kann, allein wir fürchten, dass sie sich damit auf eine schlüpfrige Bahn begibt, dass sie sich durch anfänglichen Erfolg in ruhigen Zeiten leicht verleiten lassen kann, mehr zu emittieren, als das Umsatzbedürfnis an Geld ist, und dass sie dann einmal in die Lage kommen kann, die Einlösung ihrer Noten entweder selbst nicht bewerkstelligen zu können, oder bei den Banken, wo sie laufende Rechnung hat, verweigert zu sehen. Eine einmalige Weigerung würde den Kredit der Bank untergraben. Die Kapitalisten würden ihr nicht bloß keine Pfandbriefe mehr abnehmen, sondern ihre ausgegebenen Pfandbriefe (Cédules) würden gekündigt werden, und da schon in ihren Statuten der große Fehler gemacht ist, dass ihre Pfandbriefe auf 6 Monate kündbar gestellt sind, so würde sie sich in der Unmöglichkeit befinden, ihren Verbindlichkeiten nachzukommen; denn den Pfandbriefinhabern ist mit der Hypothek als Hinterlage nicht gedient. Dazu würden sie einer Bank nicht bedürfen. Es kommt noch dazu, dass die Bank durch das Recht, ein Fünftel ihrer Darlehen in Noten auszuzahlen, dem Schuldner die Noten gewissermaßen aufgenötigt und dass dieser sie gewiss so schleunig als möglich an die Kasse tragen wird. Die Bank begibt sich damit aufs Eis.

feuille und die Metallreserve ist, und zwar bevor noch der leiseste Verdacht die Noteninhaber erreicht; Verluste sind dann unvermeidlich (!!!).«

Eine Hypothekenbank[2], welche ihr Aktienkapital eigentlich nur als eine Art Reservefonds zu betrachten hat und die Vermittlerin bilden soll zwischen den Kapitalsparern und den Landwirten, die zur Verbesserung ihrer Grundstücke u. s. w. Kapital bedürfen, muss die leiseste Erschütterung des Kredits scheuen, weil man Kapital auf lange Zeit nur bei großem Vertrauen anlegt.

Wir warnen daher vor der Ausgabe von Banknoten aus tiefer Überzeugung, weil sie

1. das Bedürfnis, welches nach Millionen heischt, auch nicht im Entferntesten befriedigen würde – weil sie

2. die Gefahr des Missbrauchs heraufbeschwört, wodurch der Fall eintreten kann, dass die Bank ihre Zahlungen einstellen muss, weil

3. die Maßregel an und für sich in Gemeinschaft mit ihren, den Grundsätzen der Wissenschaft widersprechenden Behauptungen das Misstrauen der Kapitalisten entdecken muss, so dass sie ihre Kapitalien lieber anderen benachbarten Hypothekenbanken anvertrauen, und weil sie

4. sogar dem Kredit des Kantons Freiburg selbst Schaden bringen würde, was rückwirkend alle Verkehrsverhältnisse benachteiligen müsste.

Unseres Erachtens kann man absolute Besserung nicht durch künstliche Mittel erzwingen, sondern man muss den größeren Teil der Linderung der Not von der allgemeinen Besserung der Verhältnisse infolge des Endes des amerikanischen Krieges und vom Sparen erwarten, welches, nachdem einmal die Haupteisenbahnen gebaut sind, wieder nachhaltiger Platz greifen kann. Es ist aber auch schon jetzt etwas, wenn die Hypothekenkasse, und wir können da alle Hypothekenbanken mit einschließen, Ihre Obligationen oder Pfandbriefe (Cédules) in kleinerem Nominalbetrage

[2] Siehe Nummer 80, 81 und 82 des »Bund«.

ausgibt, als es bisher gebräuchlich war. Der geringste Betrag, den wir kennen, war 1000 Franken. Durch diesen hohen Betrag der Obligationen wird einem großen Teil des sparenden Publikums die Gelegenheit benommen, Kapital bei der Hypothekenbank anzulegen und ein wesentlicher Zweck dieses Instituts wird vereitelt. Das ist ja gerade der große Fortschritt, welcher durch Hypothekenbanken gemacht wird, dass sie auch die kleinen Kapitalien aufsammeln. Der Privathypothekarkredit ist deshalb schwierig, weil der Bedarf und der Vorrat sich nicht immer genau decken. Ein Landwirt braucht 13.000 Franken Hypothekar-Darlehen, er findet einen Kapitalisten, der nur 11.000 vorrätig hat oder der nur 15.000 hergeben will. Der eine wie der andere Fall ist möglich. Und wenn der Kapitalist sich auch nach dem Schuldner richten kann, so bleibt ihm entweder Geld übrig, oder er muss selbst wieder borgen.

Durch die Hypothekenbank ist diesem Missstand abgeholfen. Sie kann genau die Summen zahlen, welche der Schuldner braucht, und sammelt die Ersparnisse der Kapitalisten in genau bestimmten Bruchteilen.

Dehne man nun dieses Prinzip auf einen größeren Kreis des sparenden Publikums aus. Mache man Pfandbriefe von 100 Fr. neben den von 1000, setze man sich mit den Sparkassen in eine gewisse Verbindung. Suche man, was die Freiburger Kasse betrifft, sobald als möglich die für eine Hypothekenbank verhängnisvolle Bestimmung zu beseitigen, dass die Pfandbriefe auf 6 Monate kündbar gestellt sind – und man wird ein ganz anderes Resultat erlangen als von der Ausgabe von Papiergeld.

Trotz dieser, im »Bund« veröffentlichten, Warnungen hat die Generalversammlung der Freiburger Hypothekenbank gleichwohl am 30. April 1865 mit zwei Drittel gegen ein Drittel Stimmen die Ausgabe von Papiergeld beschlossen. Es ist zu hoffen, dass der Große Rat seine Genehmigung versagt; sonst würde bald das letzte Stündlein der Hypothekenkasse geschlagen haben.

IX. Die Volksbanken

Wir haben gesehen, wie Bankiers und Diskontobanken dem Kaufmann und Industriellen Kredit geben und durch Diskontierung ihrer Wechsel deren Mittel fortwährend flüssig halten, wie Hypothekenbanken das Realkreditbedürfnis der Grundbesitzer befriedigen; es fehlt uns aber noch ein Institut, welches sowohl den Personalkredit des Landwirtes, des Handwerkers und überhaupt des kleinen Mannes Genüge leistet, als auch dieselben überhaupt in Stand setzt, die Konkurrenz des Großbetriebs zu bestehen.

Solche Anstalten sind die Volksbanken oder Vereine von Genossen zu gemeinschaftlichen Geschäftszwecken.

Das Prinzip dieser sozialen Einrichtung ist der Grundsatz »Einigkeit macht stark!«, welcher in der Äsop'schen Fabel des Pfeilbündels, den der sterbende Vater seinen Söhnen reichte, so schön versinnlicht ist und überall, wo er zur Geltung kam, reiche Früchte getragen hat. Den vereinigten Kräften haben wir die größten Fortschritte der Kultur, die Eisenbahnen, Dampfschifflinien, Versicherungs-Gesellschaften zu verdanken. Die Volksbank ist nur die Anwendung dieses Prinzips auf den alltäglichen Verkehr und den Erwerb der weniger bemittelten Schichten der Bevölkerung unter den Verhältnissen angemessenen Änderungen. Von der Macht des Zusammenschlusses kleiner Mittel zu einer wirksamen Kapitalgröße gibt schon die Natur in den Strömen und ihren Zuflüssen einen deutlichen Wink. Allein das genügte noch nicht, sondern es handelte sich darum, zu erforschen, was zu machen sei, wenn nur geringe Mittel vorhanden sind. Wie ist da der Kredit zu schaffen? Die schottischen Joint-Stock-Banken mit unbeschränkter Haftbarkeit aller Aktionäre zeigten den Weg. Diese waren zwar für große Kapitalumsätze bestimmt, allein wer hinderte, die gleiche Einrichtung auf kleinere Verhältnisse anzuwenden? Während einer ganzen Generation wurden in verschiedenen Ländern Europas Versuche in Vereinen zu allen möglichen geschäftlichen Zwecken gemacht, es wurden Konsumvereine, Unterstützungs- und Hilfskassen, Spar- und Vorschusskassen, Krankenvereine, Altersversorgungskassen auf genossenschaftlichem Wege gegründet; erst zu Anfang der 40er Jahre aber sollte in England und Deutschland die richtige Form gefunden werden, welche diesen Instituten dort und noch mehr in Deutschland eine große Zukunft sichert.

Die Vorläufer der Volksbanken waren die Sparkassen. Viele derselben dienten zwar anfangs, ihres demokratischen Ursprungs uneingedenk, dazu, den Kredit der großen Banken und Staatskassen zu speisen – heute noch sieht man in Frankreich das beklagenswerte Schauspiel, dass die Staatskasse die Fonds der Sparkassen für eigene Zwecke verwendet, d.h. sich kreditieren lässt – viele aber fingen schon frühzeitig an, den naturgemäßen Dienst zu vernichten, die aufgesparten Gelder durch Darlehen wieder in den Verkehr fließen zu lassen. Da diese Gelder aber die Sparpfennige der armen, arbeitenden und dienenden Klassen sind, so mussten strenge Vorsichtsmaßregeln gegen Verluste getroffen, es konnten also Darlehen nur unter erschwerenden Bedingungen und in beschränktem Betrag bewilligt werden. Sie befriedigten daher nur im bescheidenen Maße das Bedürfnis. Auch die Hilfskassen waren weit entfernt, dem Bedarf zu entsprechen. Dieselben enthielten überdies in ihren Statuten meist Bedingungen, denen sich ein Mann von Selbstachtung nicht unterwerfen konnte; indem sie ausdrücklich voraussetzten, dass jemand nachweise, dass er in Not geraten sei, um ein Darlehen zu erhalten. Überdies genügten sie für die meisten Fälle nicht wegen der Kleinheit des Maximalbetrages ihrer Darlehen. Das ist es nicht, was der kleine Geschäftsmann und Landwirt bedurfte. Er soll sich nicht schämen müssen, wenn er ein Darlehen heischt. Es wurde daher nur sehr wenig Gebrauch von solchen Hilfskassen gemacht, weil die tüchtigen Leute fürchteten, durch die Benutzung derselben ihrem Kredit zu schaden.

Was man bedurfte, das war keine Armenanstalt, sondern ein Institut, welches dem kleinen Manne die Vorteile gewährt, deren der große Geschäftsmann längst genießt. So kam man denn zur Association mit solidarischer Haft.

Unter diesen Genossenschaften, deren es zu verschiedenen Zwecken gibt: zur gemeinsamen Anschaffung von Lebensmitteln (Konsumvereine), zur gemeinschaftlichen Anschaffung von Rohstoffen, zur gemeinschaftlichen Magazinierung, zum gemeinschaftlichen Verkauf, zur gemeinschaftlichen Benutzung von Triebkräften und Werkzeugmaschinen, zur gemeinschaftlichen Verschaffung von Kredit und endlich zur gemeinschaftlichen Produktion, haben sich besonders die vorletzten eines gewöhnlichen Erfolges und großer Ausbreitung zu erfreuen. Von den ca. 1200 Genossenschaften, welche seit 1849 in Deutschland gegründet wurden (davon fallen auf die Zeit von 1859 an 1100), sind gegen 900 solche Volksbanken oder Vorschussvereine, und bereits sind deren nach ihrem Muster in Österreich und im verflossenen Jahr auch in Frankreich und Italien errichtet worden.

Das Prinzip der Volksbanken, deren Hauptförderer in Deutschland der verdienstvolle Volksmann Schulze-Delitzsch, ist mit einem Worte: die Übertragung des kaufmännischen persönlichen Kredites auf die weniger bemittelten Schichten der Bevölkerung (namentlich auf den Handwerker, den Landwirt) mittels der unbeschränkten Haftbarkeit aller Genossen.

Aufgrund dieses Prinzipes bestehen im deutschen Zollverein allein gegen 900 Volksbanken mit einer Mitgliederzahl von 150.000, mit einem eigenen Grundvermögen von mehr als 10 Millionen Franken und einem jährlichen Geschäftsumsatze von 150 Millionen Franken. Viele derselben, zum Beispiel die Gewerbekasse in Frankfurt am Main, sind bereits vollständige Diskontobanken geworden, deren Dividenden aber unter die Mitglieder verteilt werden und die mit keinen anderen Mitteln als mit wöchentlichen oder monatlichen Beiträgen von wenigen Centimes oder Franken angefangen haben. Den Mangel des Kapitals ersetzt die solidarischer Haft.

Mit einem Schlag ist jetzt der beständigen Lage der Handwerker, dass ihre Rechnungen zu spät und unregelmäßig bezahlt werden, abgeholfen. Der Handwerker hat laufende Rechnung bei der Volksbank, kann jeden Augenblick Geld haben, wann er es braucht, und zahlt zurück, und seiner Ausstände eingehen. Der Bauer braucht den Juden nicht mehr und die Prozente, welche er zahlt, erhält er am Ende des Jahres in Gestalt der Dividende zurück, an der nur die Verwaltung und der Reservefonds etwa 2 % kürzen. Der kleine Krämer kann einkaufen, wann sich ihm die günstigsten Handelskonjunkturen darbieten. Sonst waren sie gezwungen, im Falle der Not im Vorzimmer des Kapitalisten zu katzbuckeln und kleinmütig Darlehen gegen hohen Zins zu erbitten – jetzt geht der Bürgerstolz auf seine Vorschusskassen und heischt, was er braucht, als ein Recht. Kein Wunder, dass das Volk durch diese Einrichtung nicht bloß materiell unabhängig gemacht, sondern auch moralisch unendlich gehoben wird.

Welcher Einrichtung hat man diese große Wohltat zu verdanken? Der einfachsten von der Welt, einem wahren Kolumbus-Ei.

Es treten 50 oder 100 Männer zusammen, wählen sich einen Vorstand und geben sich Statuten, welche im Wesentlichen folgende Bestimmungen enthalten:

Jedes Mitglied zahlt wöchentlich einen Betrag von 50 Centimes bis 2 Franken oder monatlich von 2 bis 10 Franken, nebst einem einmaligen Eintrittsgeld, wie es bei jeder Lesegesellschaft geschieht.

Mit diesen Einzahlungen wird fortgefahren, bis die Höhe eines Gesellschaftsanteils (Aktie) oder zweier Aktien, je nach Bestimmung, erreicht ist, deren Nennwert je nach dem größeren oder geringeren Bedürfnis des Gesellschaftskreises zwischen 50 und 500 Fr. schwankt.

Solange diese Aktien nicht voll bezahlt sind, wird der verhältnismäßige Anteil an der Dividende nicht ausbezahlt, sondern zu den Aktien geschlagen.

Mehr als zwei Aktien darf kein Mitglied besitzen.

Ein jedes Mitglied hat das Recht, Vorschüsse aus der Kasse zu verlangen, und zwar ohne Sicherheit bis zum Betrage seiner Einzahlung, mit Stellung eines oder zweier Bürgern bis zum zehnfachen Betrage des Einschusses.

Außerdem hat der Vorstand das Recht, ein Darlehen ohne Angabe von Gründen zu verweigern.

Für die Verbindlichkeiten des Vorschussvereins stehen alle Mitglieder solidarisch ein, d.h. ein jeder für alle Schulden mit seinem ganzen Vermögen. Diese letztere Bestimmung ist anfangs der Ausbreitung der Genossenschaften sehr hindernd im Wege gestanden, bis man sich durch die Erfahrung überzeugte, dass sie notwendig war, um der Volksbank das Vertrauen der Kapitalisten, Depositen- und Sparkassen-Gläubiger zu sichern; und dass innerhalb 15 Jahren noch kein einziges Mal unter den 900 Volksbanken von dieser Verpflichtung Gebrauch gemacht werden musste, in dem die vorgekommenen Verluste bisher noch stets aus dem Reservefonds, der tüchtig gespeist werden muss, und aus der Dividende gedeckt werden konnten. Das Publikum gab wegen der Sicherheit, welche die solidarische Haltbarkeit bietet, so gerne seine Ersparnisse in die Volksbank, dass in der Krisis von 1857, als die großen Häuser massenhaft zusammenstürzten, die armen Handwerker der Vorschussvereine an *embarras de richesse* legten, weil man die Sparpfennige nirgends sicherer anlegen zu können glaubte. Natürlich! Denn während der einzelne unbemittelte Arbeiter wenig oder keinen persönlichen Kredit hat, weil er krank werden und sterben kann, gibt die solidarisch verhaftete Gesellschaft so viel Sicherheit als ein hypothekarisches Pfand, weil es ganz unwahrscheinlich ist, dass 100 oder 200 Personen auf einmal erkranken und sterben. Deshalb erhalten die Vorschussvereine leicht Gelder anvertraut, sei es in Gestalt von Depositen oder vom Kapitaldarlehen.

In der Regel verbinden die Vorschussvereine daher auch eine Sparkasse mit ihren Geschäften. Hinsichtlich der Letzteren sind zwei Klassen von Volksbanken zu unterscheiden: diejenigen in größeren Städten oder in gewerbereichen Distrikten mit regem Handelsverkehr und die Vorschussvereine in kleinen Flecken, welche den Wechselverkehr und das Bankgeschäft nicht in den Kreis ihrer Tätigkeit zu ziehen brauchen.

I. Die Ersteren sind vollkommene Diskontobanken, d.h., sie machen folgende Geschäfte:

1. Diskontieren von Wechseln.

2. Laufende Rechnung (Kontokorrent) mit Schecks.

3. Einkassierung (Inkasso).

4. Darlehen (Lombard) auf Unterpfand von Wertpapieren, Edelmetall, Juwelen.

5. Darlehen ohne Bürgschaft bis zum Betrag des eingeschlossenen Beitrages.

6. Darlehen gegen Bürgschaft. Diese Bürgschaft wird gewöhnlich in Gestalt eines auf einen zweiten gezogenen und von diesem akzeptierten oder eines von einem zweiten auf den Darlehensempfänger gezogenen Wechsels geleistet. Beim Kontokorrent wird die Bürgschaft auf dieselbe Weise in einem Wechsel mit einer zweiten Unterschrift, der an der Kasse deponiert wird, geleistet; doch dient auch ein Bürgschein.

7. Annahme von Depositen.

8. Sparkasse.

Das Kontokorrent hat sich als äußerst wohltätig erwiesen. Vielfach zahlt man, wie in London, jetzt mit Schecks auf die Vorschusskasse.

II. Die Vorschussvereine in den kleineren Orten beschränken sich auf das Geben von Darlehen und die Annahme von Geldern, Depositen und Anlehen. Doch fängt die obige Ausdehnung der Geschäfte auch in kleineren Orten überall an, Platz zu greifen, wo reger Verkehr stattfindet; des Wechsels braucht man sich bei ihnen nicht zu bedienen.

Die Dividenden, welche jährlich verteilt werden, erreichen oft 12 bis 20 %. Die Rohstoffvereine von Schuhmachern zum Beispiel haben in den letzten regelmäßig 25 % Dividende verteilt.

In vielen Gegenden, namentlich in Nassau (obgleich daselbst längst eine Landesbank bestand, welche in sehr liberaler Weise Vorschuss gegen Stellung von zwei Bürgen gab und Filialen im ganzen Lande in jeder Steuerrezeptur hat, welche Zahlungen annehmen und leisten), kein Ort mehr ist, der nicht einen Vorschussverein besäße, oder Mitglieder, die einem solchen angehören, sind die Volksbanken bis unters Landvolk gedrungen. Sie vermitteln so auf das Vollkommenste den Umlauf des Kapitals den Händen, welche gerade keine Verwendung dafür haben, in diejenigen, welche dessen bedürftig sind. Da die verschiedenen Berufsarten ihre Haupteinnahmen zu verschiedenen Zeiten machen und ihr Kapitalbedürfnis zu verschiedenen Zeiten eintritt – der Bierbrauer braucht zum Beispiel das meiste Geld im Winter, wo der Landwirt seine Einnahmen macht und an die Kasse deponiert –, so gleicht sich der Kapitalbedarf auf so wundervolle Weise aus, dass die Quellen der Betriebswirklichkeit nie versiegen.

Der große Vorteil des Kredits, welcher den Kaufmann und den Fabrikanten in Stand setzt, mittels gezogener Wechsel oder Kontokorrent-Vorschüsse seiner Ausstände jeden Augenblick, drei Monate oder länger vor Verfall, zu mobilisieren – dieser enorme Vorteile, welche jene Erwerbsklassen in die Kategorie bevorzugter Stände stellt, weil sie in der Tat damit leichter Geschäfte machen können als die andern, kommt mittels der Volksbanken auch dem kleinen Manne zugute, welcher überdies diese Wohltat weder beim Staate noch der Gemeinde noch einer wohltätigen Gesellschaft, sondern nur sich allein im Verbandes mit seinesgleichen zu verdanken hat.

Wie oben bemerkt, liegt ein Hauptbedenken des Publikums in der solidarischen Haft. Wenn nun, trotzdem, dass in Deutschland über 200.000 Personen in ca. 1200 Vereinen diese Bedenken überwunden haben, dies einer weiteren Ausbreitung dieser nützlichen Anstalten entgegenstehen sollte, so steht es immer noch frei, sie unter anderen, leichteren Bedingungen zu gründen, vorausgesetzt, dass die Genossenschaft auch so kreditfällig wird. Wir können nämlich dann noch drei Modalitäten unterscheiden:

1. Genossenschaften, bei welchen die Mitglieder nur bis auf einen bestimmten Mehrbetrag ihrer Aktien, also zum Beispiel das Doppelte, Vierfache derselben garantieren.

2. Genossenschaften, bei denen gar keine weitere Garantie als die Einzahlung auf die Aktien geleistet wird.

3. Genossenschaften, bei denen Gönner die Garantie leisten, wie solche in Westfalen (Dortmund) bestehen.[3]

Bei diesen Erleichterungen muss die größte Sorge getragen werden, dass die Verwaltung des Vereines nur rechtschaffenen, geschäftserfahrenen und vorsichtigen Männern anvertraut wird, weil größere Sorglosigkeit der Mitglieder zu erwarten ist, wo dieselben weiter nichts zu riskieren haben als ihre Einzahlung. Bei der unbeschränkten Haftbarkeit hingegen müssen die Mitglieder ein lebhaftes Interesse an dem Gedeihen der Geschäfte nehmen und deren Leitung genau überwachen, so dass Unbesonnenheit und schlechte Amtsführung nur selten vorkommen können. Für den Anfang, bis größere Geschäftsgewandtheit erworben ist, und bis die kleinen Leute Einsicht in die Buchführung u. s. w. gewonnen haben, ist immerhin die unbeschränkte Haftbarkeit sehr zu empfehlen.

Wo eine gewisse solide Geschäftspraxis sich herausgebildet hat, lässt sich diese strengere, aber sichere Organisationen entbehren. In England zum Beispiel sind seit Einführung eines neuen Gesetzes (1861), wonach auch die bisher mit unbeschränkter Haftbarkeit bestandenen Gesellschaften unter Beobachtung bestimmter gesetzlicher Bedingungen das Recht haben, sich als Aktiengesellschaft mit beschränkter Haftbarkeit eintragen zu lassen, d.h. als Gesellschaft, deren Mitglieder nur für den Betrag ihres Anteils (Aktie) haften, sämtliche Genossenschaften (*cooporative societies*)

[3] In der Schweiz bestehen bereits Vorschusskassen der zweiten Art in Zürich, Glarus, Solothurn; der dritten Art in Lausanne.

Aktiengesellschaften geworden, die sich von den anderen durch ihre winzigen Aktien unterscheiden. Ein Fortschritt ist immerhin dabei gewonnen. Eine Gesellschaft armer Leute, welche, jeder 20 Franken, zusammenschießen, kann, wenn sie zahlreich genug ist, mit den reichsten Unternehmern in die Schranken treten. Indem sich so der Weg zur materiellen und moralischen Erhebung eröffnet, empfindet jeder den Reiz des Sparens. Die arbeitende Klasse bildet sich dann durch sich selbst. Die herrlichsten Erfolge haben in dieser Hinsicht die Genossenschaften in Rochdale (bei Manchester) gemacht. Da trat vor 25 Jahren eine Anzahl von armen Leuten, meist aus den unteren arbeitenden Klassen, zusammen, um einen Konsumverein zu gründen. Weil sie die ersten oder Vorläufer einer volkstümlichen Reformbewegung waren, so hießen sie sich »Equitable Pioneers«. Sie blieben bis im Jahre 1861 selbst in England in größeren Kreisen unbekannt. Die politische Tagespresse, meist aristokratisch gesinnt, ignorierte sie. Der deutsche Professor Huber hat sie auf einer Reise nach England, wo er die Lage der arbeitenden Klassen studierte, von Anfang der 1850er Jahre ausfindig gemacht und sie dann fast jedes Jahr besucht, um ihre Fortschritte zu beobachten. Außer in den Reisebriefen erstattete Huber dem Kongress deutscher Volkswirte 1858 Bericht; ebenso 1859 und 1860. Als 1860 Julius Faucher in Begleitung von Burton S. Blyth von London zum Kongress in Köln kam, da wussten beide, Ersterer fünf Jahre Redakteur des *Morning Star*, Letzterer Redakteur des *Standard*, nichts von den Pionieren und fürchteten, Professor Huber sei mystifiziert worden. Nach dem Kongress erstattete Blyth einen trefflichen Bericht in seinem Blatte über den Kölner Kongress und erwähnte dabei Hubers Bericht über die englischen Genossenschaften. Dieser Anstoß erst war Veranlassung, dass der Präsident der englischen Assoziation zur Beförderung der sozialen Wissenschaften, Lord Brougham, in der Sitzung des darauffolgenden Jahres das Dasein der englischen Assoziationen erwähnte. Seitdem wird in jeder Jahressitzung ein Bericht darüber erstattet.

Da ich über die Einrichtung dieser Institute völlig klar werden wollte, so entschloss ich mich im verflossenen Herbst, selbst nach Rochdale zu reisen und auch im übrigen England nach den *Cooperative Societies* mich umzusehen.

Ich fand, dass die Genossenschaftsbewegung nicht so in fast alle Schichten der Bevölkerung gedrungen ist wie in Deutschland; überhaupt dass die Assoziationen nicht so zahlreich sind und dass sie sämtlich seit wenigen Jahren in Aktiengesellschaften verwandelt worden sind, die den Kreis ihrer Geschäfte nicht auf die Mitglieder beschränken, sondern aufs ganze Publikum ausdehnen. Übrigens musste ich ihn Rochdale, einer Stadt von 30.000 Einwohnern, mehrmals vergeblich nach den Pionieren fragen, da die Ersten mir keinen Bescheid geben konnten, ein Zeichen, dass die Institution noch nicht so völlig die öffentliche Meinung erfüllt als in Deutschland.

Zuerst waren es nur Leute der ärmsten Klasse, welche ihre Sparpfennige zusammenlegten. Sie brauchten achtzehn Monate, bis sie die Mittel hatten, um einen Konsumverein wirklich ins Leben zu rufen. Diese Konsumvereine haben in England größere Aussicht auf Erfolg, weil sie wegen der häufigen Fälschung der Lebensmittel und der großen Differenz zwischen Detail- und Engros-Preisen ein größeres Bedürfnis sind als auf dem Kontinent – unbeschadet der trefflichen Resultate, welche man da in einzelnen Städten, zum Beispiel in Zürich und Hamburg, erzielt hat. Die Konsumvereine (*Cooperative Stores*) haben sich daher so ziemlich über ganz England verbreitet und es bestehen deren daselbst weit mehr als in Deutschland und der Schweiz. Dagegen ist das System der Vorschussvereine, wie es in Deutschland so kolossale Fortschritte macht, in England nicht zu Hause; ebenso wenig die Rohstoffvereine. Die Produktiv-Genossenschaften sind nichts anderes als Aktiengesellschaften; denn nicht die Mitglieder sind die Arbeiter darin, sondern bezahlte Arbeiter. Nur ausnahmsweise mag auch ein Arbeiter eine Aktie besitzen. Letztere verteilen sich vielmehr auf eine Menge Personen aus allen möglichen Lebenskreisen.

Der Konsumverein der Pioniere hatte guten Erfolg. Die Mitglieder hatten zu gleichem Preise gute und gesunde Lebensmittel und am Ende des Jahres ihren Anteil am Gewinn. Die Lust zum Sparen war einmal erweckt. Zuerst war ein Spezereiladen gegründet worden; bald kam ein Fleischerladen hinzu. Dieselben wurden, nach dem Bedürfnisse in verschiedenen Teilen der Stadt, vermehrt. Diese Läden werden von besoldeten Beamten der Gesellschaft geleitet. Letztere beziehen keinen Gewinnanteil, sondern haben nur Aufsicht auf Aufbesserung des Gehaltes. Die Gesellschaft hat mit ihren Beamten bisher Glück gehabt, so dass sie weder Veruntreuung noch Verluste zu beklagen hat. Der Erfolg munterte zu neuen Unternehmungen auf. Es wurde ein neuer Laden errichtet, ein Schnittwarenlager, um die Bedürfnisse der Bekleidung der Mitglieder billiger und besser zu befriedigen; freilich zum Nachteile der Krämer, welche nicht gut auf die Pioniere zu sprechen sind und verlangen, dass die Gesellschaft, welche steuerfrei ist, mit der Einkommensteuer belegt werden soll, weil die einzelnen Mitglieder der Steuer entgehen, da nur wenige das gesetzlich erforderliche Einkommen von 100 £ (2500 Franken) haben, um zur Einkommensteuer herangezogen zu werden.

Bald ging man noch einen Schritt weiter und errichtete eine Schuhmacher- und eine Schneiderwerkstätte, immer noch nur für die Bedürfnisse der Mitglieder der Gesellschaft bestimmt. Man war also an der Produktiv-Genossenschaft angelangt; wenn man diese Geschäftsordnung der Pioniere so nennen durfte, denn auch sie werden nicht durch Mitglieder, sondern durch besoldete Beamte betrieben und verwaltet. Ich muss nebenbei gestehen, dass ich von diesen beiden Zweiganstalten weniger erbaut bin. In der Schneiderwerkstätte bedient man sich nicht einmal der Nähmaschinen und es waren nur wenige Leute beschäftigt; auch schienen mir die ausgestellten Kleider und Schuhe in Güte und Geschmack keinen Vergleich mit denen anderer Privatgeschäfte auszuhalten. Das ist auch wohl nicht anders möglich bei Geschäften, welche nicht von Mitgliedern selbst, sondern nur von Beamten geführt werden, die nichts als einen Gehalt beziehen und nicht einmal durch Gewinnanteil ins Interesse gezogen sind. Schneiderei und Schuhmacherei sind eben Geschäfte, welche sich nicht für Aktiengesellschaften eignen.

Seit dem neuen, oben erwähnten Gesetz hat die Gesellschaft die Gesamtheit aufgegeben, sich unter das Gesetz gestellt und ihre Geschäfte damit auch auf das ganze Publikum ausgedehnt.

Sie ist nichts als eine Aktiengesellschaft von Spezerei-, Fleisch-, Buch-, Kleider- und Schuh-Läden.

Man betrachtet die durch das Gesetz gewährte Lizenz als eine große Erleichterung des Gesellschaftswesen zu Gunsten der ärmeren Klassen. Wir wollen hoffen, dass dem so sei. Ich kann aber die Besorgnis nicht unterdrücken, dass die Gesellschaften in dieser Organisationen leichter Verlust ausgesetzt sind und aus Mangel an sorgfältiger Aufsicht, wie sie nur der Privateigentümer übt, in Zeiten der Krisis in die größte Gefahr geraten können. Jedenfalls dürfen sich solche Gesellschaften nur mit Gegenständen befassen, welche ihnen bekannt und in der Gegend einheimisch sind; in welchem also weder Lehrgeld zu bezahlen, noch Arbeiter erst einzuschulen, noch den Direktoren zu große Verantwortlichkeit aufzubürden, noch von ihnen außerordentliche Eigenschaften zu fordern sind.

Die Pioniere haben neben ihren Geschäften auch ein Lesekabinett mit Zeitungen und eine Bibliothek, welche recht gut assortiert ist.

Unter vorzugsweiser Beteiligung von »Pionieren«, aber als selbstständige Geschäfte, sind auch eine Dampfmahlmühle und eine Baumwollspinnerei errichtet worden. Die Mahlmühle nimmt die Mitte zwischen einer Genossenschaft und einer Aktiengesellschaft ein. Hier ist der Ort, diese verschiedenen Gesellschaften zu klassifizieren:

1. Die Letztere ist nämlich bekanntlich eine anonyme Gesellschaft, deren Mitglieder nur für den Betrag ihres Anteils an übernommenen Aktien haftbar sind, deren Direktion aber gar nicht haftet, obwohl sie das Recht hat, die Gesellschaft überall, auch vor Gericht, zu vertreten. Wegen dieser Vorrechte bedarf die anonyme Aktiengesellschaft der Konzession der Regierung.

2. Eine Kommandit-Gesellschaft unterscheidet sich von der anonymen Aktiengesellschaft darin, dass die stillen Teilhaber nur bis zum Belauf ihre Anteilscheine (Aktien) haftbar sind, dass dagegen die Firmaträger mit ihrem ganzen Vermögen haften. Diese brauchen daher keine Konzession, sondern nur die Berechtigung des Firma-Trägers, Geschäfte zu treiben.

3. Genossenschaften haben – wenigstens solange nicht ein besonderes Gesetz ihr Verhältnis regelt, was außer in England noch nirgends geschehen ist – weder die Rechte der anonymen Gesellschaften, sich vor Gericht durch ihre Direktion vertreten zu lassen, noch das Verhältnis der Kommandit-Gesellschaft, dass der Chef mit seinem ganzen Vermögen haftet. Sie beruhen auf einem freieren Vertragsverhältnis. Bei Klagen gegen Schuldner muss jedes einzelne Mitglied dem Sekretär oder Präsidenten der Gesellschaft Vollmacht erteilen, und im Falle von Zahlungsunfähigkeit der Kasse kann bei solidarischer Haft jedes einzelne Mitglied verklagt werden.

Ferner arbeiten Genossenschaften in der Regel nur für ihre Mitglieder, zum Beispiel Vorschussvereine, Rohstoffvereine, Konsum- und Maschinenvereine, oder nur durch ihre Mitglieder, wenn sie Produktiv-Genossenschaften sind und ans Publikum verkaufen müssen. Dieses Arbeiten für oder durch die eigenen Mitglieder ist das wesentliche Unterscheidungsmerkmal der Genossenschaften von den anonymen Gesellschaften. Denn was das erste Ausnahme-Verhältnis betrifft, so hofft man, dass die Gesetzgebung bald die Lücke ausfüllen und die Genossenschaften ermächtigen wird, sich ebenfalls durch ihren Vorstand vor Gericht vertreten zu lassen.

Während der Anteilschein bei den Pionieren von Rochdale 1 £ (25 Fr.), beträgt er bei der Dampfmahlmühle auch nur 1 £, indessen muss das Mitglied fünf Aktien besetzen, bis es Dividende ausbezahlt erhält. Die Aktionäre, welche von der Mühle kaufen oder bei ihr malen lassen, erhalten 2 % Skonto und dazu ihren Gewinnanteil am Ende des Jahres. Bei dieser Mühle sind viele Pächter der Umgebung und auch dabei beschäftigte und bezahlte Arbeiter Aktionäre. Doch ist auch hier die Regel, dass die Arbeiter genommen werden, wie man sie bekommt, ohne Rücksicht darauf, ob sie Aktionäre sind. In den ersten Jahren ging das Geschäft nicht sonderlich, wahrscheinlich aus Mangel an tüchtiger Leitung, und man war nahe daran, umzuwerfen – allein jetzt geht die Mühle gut. Auch hat sie gute mechanische Einrichtungen.

In dem benachbarten Halifax ist kürzlich eine noch größere Aktien-Dampfmühle errichtet worden.

Der wesentliche Gemeinnutzen dieser Unternehmungen besteht, wie bemerkt, in der Kleinheit der Aktien, welche es dem ärmsten Mann möglich macht, Aktionär zu werden, und ihm zum Sparen reizt. Das ist besser, als seine Ersparnisse in Lotterielosen anzulegen.

Die Spinnerei hat 20.000 Spindeln, 340 Webstühle und 240 Pferde-Dampfkraft. Der Betrag der Aktien ist 5 £. Jedes Mitglied muss zwei Aktien besitzen, um stimmfähig zu sein, und dürfen sich nicht mehr als 200 £ an Aktien in einer Person vereinigen.

Die Spinnerei hat durch die Krisis hindurch arbeiten lassen, während man schon benachbarte Etablissements stillstanden. Sie hat ihre Maschinen dahin abgeändert, dass jetzt lang- und kurzstapelige Baumwolle gesponnen werden kann.

Wir sehen also, die englischen Genossenschaften sind, nachdem sie sich sämtlich unter das neue Gesetz, welches die beschränkte Haftbarkeit gestattet, bestellt haben, nichts als die Ausdehnung der gewöhnlichen Aktiengesellschaft auf die tieferen Schichten der Bevölkerung. Sie unterscheiden sich nur durch kleineren Betrag der Aktien und größere Zahl der Mitglieder. Die bei ihnen eingeführte ratenweise Einzahlung der Anteilscheine (Aktien) ist kein unterscheidendes Material, weil sie bei den gewöhnlichen Aktiengesellschaften auch besteht.

In Brüssel beabsichtigt man die Errichtung einer Volksbank unter dem Titel »Union du Crédit ouvrier«, welche Sparkasse, Vorschusskasse und Alterversorgungskasse in sich vereinigen soll. Es ist die Absicht, keine Dividenden oder Zinsen zu verteilen, sondern dieselben zur Dotation der Altersversorgung zu verwenden und den berechtigten Mitglieder gutzuschreiben. Diese Kasse erfordert aber eine sorgfältige, komplizierte Verwaltung, welche kostspieliger ist als bei den gewöhnlichen Vorschusskassen, deren Vorteil eben darin besteht, dass sie äußerst wenig, höchstens 2 % Verwaltungskosten verursachen; denn das meiste wird durch Ehrenämter gemacht; nur der Kassierer ist zu besolden, und zwar kann diese Funktion, wenn der Umsatz nicht stark ist, neben einem anderen Geschäfte betrieben werden, so dass eine kleine Entschädigung ausreicht und nicht ein Mann ganz darauf gehalten werden muss. In Fabrikkreisen mag dieses Brüsseler Projekt indessen von großem Nutzen sein.

Die Assoziation ist überhaupt so dehnbar, dass sie für alle möglichen Zwecke dienen, in alle möglichen Formen eingepasst werden kann. Sie ist darum in Deutschland auf vielfache Zwecke angewendet worden. Außer den Konsumvereinen und Vorschussvereinen, von welchen wir schon gesprochen, hat man Vereine, um gemeinschaftlich Rohstoffe einzukaufen, gemeinschaftliche Magazine zu halten, für gemeinschaftliche Rechnung fremde Märkte mit Waren zu beschicken. Mainzer Schuhmacher haben einen Rohstoffverein und beziehen ihr Leder so bedeutend billiger, dass sie im Stande sind, nach Russland, Schweden und Amerika Schuhe zu exportieren.

In Frankreich ist bis vor kurzem nur eine Art von Assoziation versucht worden: die Produkten-Genossenschaft, d.h. die Assoziation zum selbstständigen industriellen Geschäftsbetrieb. Im Jahr 1848 sind über 200 solche Assoziationen zum Teil mit Staatshilfe gegründet worden, aber sämtlich bis auf 12 wieder zugrunde gegangen. Dies darf weder wundernehmen noch entmutigen. Nach der Februarrevolution stockte einerseits der Absatz, so dass es schwerer als sonst war, ein neues Geschäft zu errichten; andererseits drängten sich gerade auch viel träge und ungeschickte Arbeiter in die Assoziation und endlich hatten nur wenige genügende Erfahrungen gemacht. Es bestehen und prosperieren daher heute nur die Produktiv-Genossenschaften der Buchdrucker, Blechner, Feilenhauer, Stuhlmacher, Klaviermacher, Maurer u. s. w.

Neuerdings ist in Paris auch ein Vorschussverein »Crédit mutuel« nach deutschem Muster gegründet worden.

In Deutschland haben die Produktiv-Genossenschaften ebenfalls begonnen aufzutauchen: in Nürnberg Kammmacher, in Berlin Zigarettenarbeiter, Schalweber und noch einige andere Gewerbe; in Chemnitz Maschinenbauer. Dies sind echte Genossenschaften, wie wir sie oben definiert haben, in welchen alle Mitglieder Arbeiter sind.

Am besten würden Produktiv-Genossenschaften in Industriezweigen gedeihen, welche nicht zusammenarbeiten und dieselben Lokale erfordern, wo also weniger Streitigkeiten zu fürchten sind; also zum Beispiel in der Uhren- oder Messerfabrikation.

Eine Genossenschaft von großer Tragweite ist die Werkgenossenschaft, oder ein Verein zur gemeinschaftlichen Benutzung von mechanischen Triebkräften und Werkzeugmaschinen, weil sie die Vorteile der Großindustrie, von deren erdrückende Konkurrenz der kleine Mann sich waren muss, einem jeden zugänglich macht.

Bis jetzt ist uns nur ein einziger solcher Werkverein bekannt, welcher sogar als die älteste Genossenschaft zu betrachten ist, weil sie schon lange vor den Pionieren aus einer alten Innung in eine Genossenschaft sich verwandelte – die Innung der Tuchmacher in Breslau. Dieselben hatten schon 1816 des gemeinschaftlichen Mittel eine Tuchwalke errichtet, und als diese abbrannte, bauten sie 1841 eine förmliche Tuchfabrik mit allen neuesten Werkzeugmaschinen im Wert von ca. 500.000 Fr., wovon sie nur 20.000 Fr. bar hatten und 50.000 Fr. durch Hypothekenanlehen erhielten, das Übrige aber durch Personalkredit aufbrachten, welches eben nur durch die solidarische Haftbarkeit möglich war. Diese Gesellschaft gedieh so, dass sie 1863 bereits ein Vermögen von 800.000 Fr. hatte und 400.000 Fr. Dividende unter ihre 134 Mitglieder verteilte, wovon 48 das Geschäft nicht mehr betrieben. Diese Tuchmacher bedienen sich der Maschine nur zur Produktion und verkaufen jeder sein Tuch für eigene Rechnung. Dieselben könnten sich indessen noch mehr verbessern, wenn sie noch einen Rohstoffverein zum Ankauf der Rohwolle gründeten.

Allenthalben tauchen ähnliche Anfänge einer neuen durchgreifenden Reform der gewerblichen Produktion auf. In Berlin gibt es Maschinenfabrikanten, welche einen Teil ihrer Dampfkraft vermieten. Ich sah, wie in einen an einer Maschinenfabrik stoßenden Schuppen Dampfkraft aus der Letzteren geleitet und an Schreiner vermietet war, welche Bandsägen und Hobelmaschinen damit in Bewegung setzten.

In Nürnberg hat der Magistrat überschüssige Wasserkraft an der Regnitz mitten in der Stadt dazu benützt, um eine Wasserzunft, die »Schwabenmühle«, zu bauen, ein dreistöckiges Gebäude mit 46 getrennten Werkstätten, in welche die mechanische Triebkraft mittels Transmissionen geleitet ist; von halber bis zu 2 und 3 Pferdekraft. Diese Werkstätten werden an Handwerker und Industrielle vermietet, welche die Auswahl je nach der Kraft haben, die sie brauchen. Sie sind sämtlich nicht bloß besetzt, sondern lange zum Voraus bestellt, wobei wegen des großen Zudranges eine Reihenfolge nach dem Alter der Anmeldung stattfindet. Ich sah darin 15 verschiedene Gewerbe vertreten, darunter Kammmacher, Fournierschneider, Bleistiftmacher, Optiker, Waagemacher, Glasschleifer u. s. w., welche gegen ein geringes Mietgeld alle Vorteile einer Fabrik genießen. Welche Fundgrube für Gewerbetreibende ist nicht diese einfache Wasserkunst. Was in Nürnberg der Magistrat getan, das kann anderwärts eine Aktiengesellschaft und im äußersten Fall eine Genossenschaft, so gut dies den Breslauer Tuchmachern gelungen ist. Gerade diese Errichtung genossenschaftlicher Werkstätten mit mechanischen Triebkräften ist ein wahres Ei des Kolumbus für alle diejenigen Gewerbe, welche mechanische Triebkraft nötig haben, um mit der Großindustrie selbstständig konkurrieren zu können, die sich für Produktiv-Genossenschaften aber nicht eignen.

Um ein Beispiel herauszugreifen, nehmen wir Schreiner und Wagner. Durch die Eisenbahnen und die Notwendigkeit, für dieselben dauerhafte Wagen in großer Quantität und in kürzester Zeit herzustellen, ist die Erfindung einer Anzahl von Holzbearbeitungsmaschinen angeregt worden, welche die Handarbeit fast ebenso in Schatten stellen wie die Spinnmaschine das Spinnrad. Wo eine elfblättrige Gattersäge einen Stamm in zehn Minuten in zwölf Bretter sägt und eine Gesimshobelmaschine in zehn Arbeitsstunden 12.000 Bretter hobelt, da können auf die Dauer die Getäfel, die Fußböden, Fenster und Türen nicht mehr mit dem Handhobel gemacht werden. Jene Handwerker müssen mit der Zeit entweder das Halbfabrikat aus der Fabrik kaufen und sich nur mit dem Zusammensetzen beschäftigen, oder sie müssen einen solchen Maschinen- oder Werkverein gründen, in dessen Werkstätten sie Ihren Bedarf sägen oder hobeln lassen.

Ein anderer Umstand wird diese Einrichtungen bald zur Notwendigkeit werden lassen. Das Holz wird immer teurer, gehörig ausgetrocknete Stämme immer seltener; der Abstand zwischen der von Bauschreinern und der von Fabriken gelieferten Arbeit immer größer. Die Eisenbahnwagen werden gewiss genug herumgeschüttelt! Wer hat je eine Ritze in deren Holzgetäfel gesehen wie sie in den neuen Häusern der meisten Städte schon nach dem ersten Vierteljahr in Türen und Fenstern vorkommen? Das kommt daher, dass die Eisenbahnwagen-Fabriken das Holz auf mechanischem Weg, also in kürzester Zeit, entweder durch Dampf oder heiße Luft in besonderen Apparaten trocknen, während die Schreiner diesen Prozess bis jetzt noch der Sonne überlassen. Dieser Letztere erfordert aber ebenso viel Jahre als jener Tage. Es ist für die Bauschreiner allmählich eine unabwendbare Notwendigkeit, diese Holztrockenapparate anzuschaffen. Auf genossenschaftlichem Wege ist es ihnen eine Leichtigkeit, Gattersäge, Schweifsäge und Gesimshobelmaschine beizufügen. Das Mittel liegt in ihrer Hand; ergreifen sie es nicht, so dürfen sie sich nicht beklagen, wenn Fabrikunternehmer zuvorkommen.

Wir sehen also, dass für alle Übel Heilmittel vorhanden sind, wenn man das Übel richtig erkennt, nachdenkt und die Kraft hat, von träger Gewohnheit und Vorurteil sich loszusagen. Das Neue, wissenschaftlich und praktisch Bewährte bringt keine Gefahr – aber der Zwitterzustand, das zaghafte Schwanken zwischen Alt und Neu.

Um allen solchen, welche gesonnen sind, Genossenschaften zu errichten, Arbeit zu sparen, füge ich die Statuten einer Volksbank (wie sie unter dem Spezialnamen von Vorschussverein, Kreditgenossenschaft, Gewerbekasse, Vereinskasse, Handwerkerbank u. ähnl. bestehen) bei, welche nach Prüfung der Statuten der bewährtesten Genossenschaften und nach reiflicher Beratung bewährter Fachleute, von Bankiers, Kaufleuten, Volkswirten, Juristen und Handwerkern, ausgearbeitet worden sind. Es sind die der Frankfurter Gewerbekasse. Dieselben können auch für Genossenschaften anderer Art benutzt werden, mit geringen Änderungen, insbesondere der Artikel, welche vom Zweck des Vereins handeln.

Statuten einer Volksbank

Zweck der Volksbank

(sonst auch benannt Vorschussverein, Kreditgenossenschaft, Gewerbekasse, Handwerkerbank u. s. w.)

Art. 1
Der Zweck des Vereins ist:

a. seinen Mitgliedern durch gemeinschaftlichen Kredit Vorschüsse zu gewähren und denselben dadurch zu ihrem Geschäftsbetrieb wohlfeilere Kapitalien zu verschaffen;

b. durch verzinsliche Einlagen in die Kasse des Vereins und Annahme von Geldern in laufender Rechnung Gelegenheit zur Ansammlung größerer Kapitalien zu geben und

c. den Geldverkehr unter dem Gewerbetreibenden in möglichst einfacher, weniger zeitraubender Weise zu vermitteln.

Art. 2
Der erforderliche Betriebsfonds wird aufgebracht:

a. durch Anteilseinlagen der Mitglieder;

b. durch von dem Vereine in seiner Gesamtheit mit solidarischer Haftbarkeit der einzelnen Mitglieder aufgenommene Darlehen;

c. durch Einzahlungen in die Vereinskasse, sowie durch die verzinslichen und unverzinslichen Guthaben in laufender Rechnung.

Art. 3
Der Wirkungskreis des Vorschussvereins umfasst demnach nachfolgende Geschäftszweige:

a. die Annahme von Mitgliederbeiträgen und Spareinlagen (von Nichtmitgliedern);

b. die Eröffnung von laufenden Rechnungen an die Mitglieder;

c. die Gewährung von Vorschüssen an die Mitglieder;

d. die Diskontierung und Reeskomptierung von Wechseln;

e. die Aufnahme von Darlehen gegen solidarische Haftung aller Mitglieder;

f. die Einkassierung von Wechseln, Anweisungen und Rechnungen für die Mitglieder[4].

Art. 4
Jedes Mitglied ist verpflichtet, eine Summe von zweihundertfünfzig Franken entweder auf einmal oder in Ratenzahlungen von mindestens fünf Franken monatlich einzuzahlen, welche sein Eigentum bleiben, aber während der Dauer der Mitgliedschaft zum Betriebsfonds gehören. Eine Einzahlung von zweihundertfünfzig Franken bildet einen Anteil. Kein Mitglied kann mehr als zwei solcher Anteile besitzen, d.h. mehr als 500 Fr. als Dividende tragenden Beitrag einzahlen[5].

---

[4] Die Eröffnung der unter d) und f) bezeichneten Geschäfte erfolgt erst nach besonderem Beschluss der Generalversammlung des Vereins, wenn der betreffende Ort genügenden Geschäftsverkehr besitzt. Für kleinere Orte würden sich diese Geschäfte nicht eignen. In diesem Falle würden in den Statuten alle den Wechselverkehr betreffenden Bestimmungen in Art. 6, 10, 11 und 12 wegfallen.

[5] Die Geldbeiträge sind für eine Stadt wie Bern berechnet. Kleinere Orte würden geringere Summen ansetzen.

Wer mit einer festgesetzten monatlichen Ratenzahlung nach dem 16. eines jeden Monats noch im Rückstand ist, hat für jede acht Tage Säumnis 5 Cent per Franken Konventionalstrafe zu bezahlen. (Siehe Art. 31.)

Die Mitglieder haften durch die Unterzeichnung der Statuten für die vom Vorstand für Rechnung des Vereins aufgenommenen Darlehen, für die verzinslichen Einlagen und Kontokorrent-Guthaben zunächst mit ihrem Vereins-Anteile und überhaupt solidarisch.

Jedes Mitglied hat bei seinem Eintritt einen Beitrag von drei Franken zum Reservefonds einzuzahlen.

Art. 5
Die Einlagen eines Mitglieds über den Beitrag der Vereinsanteile hinaus werden als Spareinlagen behandelt.

Spareinlagen werden auch von Nichtmitgliedern angenommen und von den Vereinsmitgliedern solidarisch garantiert. Den Einlegern wird ein Quittungsbuch darüber eingehändigt. Der Zinsfuß der Einlagen, die Zinstermine und Kündigungsfristen werden vom Vorstand festgesetzt bekannt gemacht.

Art. 6
Der Vorschussverein eröffnet seinen Mitgliedern auf Verlangen ein Konto in seinen Büchern, auf welchem ein- und ausgehende Gelder zu- und abgeschrieben werden, nach einer vom Vorstand festzusetzenden Geschäftsordnung.

Auch an Nichtmitglieder können nach übereinstimmendem Beschluss des Vorstandes und der Zensoren laufende Rechnungen eröffnet werden. Bei Verweigerung werden keine Gründe angegeben.

Die Guthaben in laufender Rechnung sind entweder und verzinslich und alsdann jederzeit in den Geschäftsstunden zur Verfügung des Konto-Inhabers, oder nach einem von dem Vorstand festzusetzenden Zinsfuß vom Tage der Einlage an verzinslich und als dann nur nach einer in der Geschäftsordnung bestimmten Kündigungsfrist erhältlich. Die Auszahlungen geschehen an der Kasse des Vereins gegen gedruckte, von dem Konto-Inhaber unterzeichnete Anweisungen in Beträgen von nicht unter zehn Franken. Alle diejenigen, welche ein Konto bei dem Verein haben, können ihre Wechsel bei demselben zahlbar machen.

Art. 7
Der Vorschussverein leistet seinen Mitgliedern Vorschüsse von nicht weniger als zehn Franken, und bis höchstens zum Zehnfachen betrage ihrer bar einbezahlten Vereinsanteile.

Vorschüsse können gegeben werden:

a. gegen Wechsel, durch welche außer dem kreditsuchenden Mitgliede mindestens eine sichere Unterschrift verpflichtet ist;

b. gegen Verpfändung von Staatspapieren, Aktien und sonstigen Wertpapieren zu zwei Drittteilen des Tageskurses;

c. bis zur Höhe der eingezahlten Vereins-Anteile können Vorschüsse ohne weitere Sicherheit gegen wechselmäßige Verpflichtung des Kreditsuchenden gegeben werden.

Die Höhe des Zinsfußes bei den Vorschüssen, sowie die zu zahlende Provision setzt der Vorstand fest.

Art. 8
Die Vorschussgesuche sind schriftlich an den Vorstand zu richten und werden von denselben der Zensoren zur Entscheidung vorgelegt. Bei Zurückweisung oder Reduktion von Vorschussgesuche werden keine Gründe angegeben. Der Vorstand ist nicht gezwungen, einen von der Zensoren gegen seinen Antrag eingeräumten Vorschuss zu bewilligen. Der Vorschuss kann daher nur bewilligt werden, wenn Zensoren und Vorstand übereinstimmend darüber beschließen.

Art. 9
Die Rückzahlungsfristen werden mit dem Kreditsuchenden im Voraus vereinbart, sind jedoch nicht über drei Monate hinaus zu gewähren. Rückzahlungen in Raten sind zulässig. Abgewiesene Vorschussgesuche können erst nach Verlauf von einem Monat wieder eingebracht werden.

Gesuche um Prolongation von Vorschüssen sind wie neue Vorschussgesuche zu behandeln, jedoch kann ein Vorschuss nicht mehr als einmal prolongiert werden, im Ganzen also nicht länger als sechs Monate ausstehen.

Art. 10
Ist der Vorschuss vom Empfänger zur festgesetzten Zeit nicht zurückgezahlt worden, so ist das Pfand verfallen und der Vorstand verpflichtet, dasselbe nach Ablauf eines dem Schuldner anzukündigenden kurzen Termins verkaufen zu lassen, um die Forderung des Vereins aus dem Erlöse zu decken.

Bezüglich der wechselmäßigen Verpflichtungen hat der Vorstand nach dem Wechselrecht zu verfahren.

Art. 11
Abgesehen von der Höhe der Vorschüsse, welche der Vorschussverein nach Art. 8 bewilligen darf, kann er von seinen Mitgliedern Wechsel auf hier und auf auswärtige Plätze diskontieren und kaufen, wenn dieselben nicht länger als drei Monate zu laufen haben und mit drei notorisch guten Unterschriften versehen sind. Der Vorstand kann die beantragte Diskontierung mit Zustimmung der Zensoren bewilligen oder verweigern, ohne Gründe seines Verfahrens anzugeben.

Art. 12
Zur zeitweiligen Anlage müßiger Barbestände kann die Verwaltung auch von Nichtmitgliedern gute Wechsel auf hier (ersten Diskonto) mit Anwendung der im Art. 11 enthaltenen Beschränkungen ankaufen.

Die auf diese Weise gekauften, sowie die von den Mitgliedern diskontierten, gekauften oder gegen Vorschüsse erlegten Wechsel kann der Vorstand jederzeit wieder begeben (reeskomptieren).

Art. 13
Der Vorstand kann von Nichtmitgliedern für Rechnung des Vorschussvereins verzinsliche Darlehen aufnehmen mit der Wirkung, dass sämtliche Vereinsmitglieder dafür den Gläubigern solidarisch verhaftet werden und sowohl zu diesem Zwecke als auch zur Vermittlung ihres Geldverkehrs mit Banken oder Bankhäusern in laufende Rechnung treten.

Art. 14
Der Vorschussverein kann für Rechnung der Folio-Inhaber die Einkassierer von Wechseln, Anweisungen und Rechnungen übernehmen.

Art. 15
Der Vorschussverein darf sich mit keinen anderen als den in den Artikeln 4–15 erwähnt Geschäftszweigen, sei es unmittelbar oder mittelbar, befassen.

Verwaltung. Generalversammlung des Vereins

Art. 16
Die Angelegenheiten werden geleitet:

a. durch die Generalversammlung der Vereinsmitglieder;

b. durch den Vorstand;

c. durch den größeren Ausschuss.

Art. 17
Alljährlich in den drei ersten Monaten des Jahres findet die ordentliche Generalversammlung der Vereinsmitglieder statt. Außerordentliche Generalversammlungen kann der Vorstand oder der größere Ausschuss durch denselben der Gesellschaft anbe-

raumen lassen. Wenn zwanzig Mitglieder darauf antragen, muss eine Generalversammlung in den nächsten vier Wochen von dem Vorstande zusammenberufen werden. Die Berufung der Generalversammlung ist zweimal, das letzte Mal acht Tage vor der Versammlung, in den Tagesblättern anzuzeigen.

Der ordentlichen Generalversammlung ist durch den Vorstand der Jahresbericht abzustatten und die Bilanz vorzulegen. Der größere Ausschuss hat dem Revisionsbericht zu erstatten. Nach Anhörung desselben erteilt die Generalversammlung, wenn keine Beanstandung stattgefunden hat, dem Vorstand Decharge.

Die Generalversammlung kann bei Beanstandung der Bilanz oder der Geschäftsführung außerordentliche Kommissionen aus ihrer Mitte zur Ermittlung des Tatbestandes niedersetzen. Die Generalversammlung hat die statutengemäßen Neuwahlen vorzunehmen.

Art. 18
Jedes Mitglied des Vereins ist berechtigt, in den Generalversammlungen zu erscheinen und bei allen Wahlen und Vereinsbeschlüssen abzustimmen. Jedes Mitglied hat eine Stimme. Abwesende Mitglieder können sich durch einen Bevollmächtigten aus der Zahl der Mitglieder vertreten lassen, jedoch kann ein Mitglied nicht mehr als drei Stimmen in sich vereinigen.

Zur Gültigkeit der Beschlüsse und Abstimmungen ist absolute Stimmenmehrheit, bei Wahlen relative Stimmenmehrheit erforderlich. Bei Gleichheit der Stimmen gibt der Vorsitzende den Ausschlag.

Die Abstimmungen müssen, wenn drei anwesende Mitglieder es verlangen, durch Stimmzettel erfolgen.

Beschlüsse und Wahlen sind für die nicht anwesenden Mitglieder rechtsverbindlich. Anträge und Bemerkungen des Gesellschaftspräsidenten müssen in der Generalversammlung jedes Mal zuerst zur Verhandlung und Abstimmung kommen.

Selbstständige Anträge von Mitgliedern (insofern Sie von fünf anwesenden Mitglieder unterstützt werden) kommen erst nach den Anträgen der Vereinsbehörden zur Diskussion und Abstimmung.

Art. 19
Änderungen der Statuten können nur in einer Generalversammlung mit drei Viertel Stimmenmehrheit der anwesenden Mitglieder beschlossen werden und treten nach Genehmigung durch die Generalversammlung der Gesellschaft in Kraft.

Der auf Abänderung der Statuten gerichtete Antrag muss in der Einberufung angezeigt werden.

Art. 20
Über einen Antrag auf Auflösung des Vereins kann von einer Generalversammlung, welche das erste Mal darüber zu entscheiden hat, ein gültiger Beschluss nur dann gefasst werden, wenn der Beratungsgegenstand in der Einberufung angezeigt worden ist und wenn mindestens zwei Drittel der Vereinsmitglieder anwesend sind. Wenn nicht so viele Mitglieder erschienen sind, so kann nach einer nochmaligen Zusammenberufung der Generalversammlung die Majorität der Anwesenden über die Auflösung oder Trennung von der Gesellschaft beschließen.

Art. 21
Die unmittelbare Leitung der Vereinsgeschäfte wird einem aus fünf Mitgliedern bestehenden Vorstande übertragen, der die Geschäfte unter sich verteilt, namentlich einen ersten und zweiten Vorsitzenden und einen Kassierer ernennt.

Art. 22
Die Wahl der Vorstandsmitglieder, welche zugleich Mitglieder der Gesellschaft sein müssen, erfolgt alljährlich in der ordentlichen Generalversammlung; ihre Amtsdauer ist mithin ein Jahr. Wiederwahl ist zulässig. Wenn ein Mitglied des Vorstandes im Laufe eines Geschäftsjahres austritt, so sorgt der Vorstand mit Zustimmung des größeren Ausschusses für eine Ersetzung bis zur nächsten Generalversammlung.

Art. 23
Der Vorstand hat die allgemeinen Einrichtungen für den Geschäftsbetrieb zu treffen, die Angestellten sind zu wählen und zu entlassen, deren Gehalt und Instruktionen festzustellen. Der Vorstand hat Bücher und Rechnungen zu revidieren, die Kasse und Wertgegenstände in sicherer Verwahrung zu halten, in der Generalversammlung einen vollständigen Rechenschaftsbericht zu erstatten, einen solchen im November jeden Jahres der Gesellschaft vorzulegen, die öffentlichen Bekanntmachungen zu erlassen und die Generalversammlungen zu berufen (vergl. § 18). Er setzt die Bedingungen und Reglements für den Geschäftsbetrieb fest.

Der Vorstand trägt Sorge für die Beschaffung des erforderlichen Betriebskapitals (Art. 13) sowie für die Anlegung der vorhandenen Kassenbestände; er unterbreitet täglich die eingehenden Vorschussgesuche und Diskontierungs-Anträge den Zensoren und beschließt darüber nach Maßgabe des Art. 8.

Der Vorstand ist dem Verein und der Gesellschaft für die Beobachtung der Statuten und der Vereinsbeschlüsse verantwortlich.

Art. 24
Der Vorstand vertritt den Verein namentlich auch den Gerichten und Behörden gegenüber mit ausgedehntester Vollmacht.

Die Unterschriften für den Vorstand führt der erste oder zweite Vorsitzende mit dem Kassierer oder in dessen Verhinderung mit einem anderen Mitgliede des Vorstandes. Durch diese Kollektivunterschrift ist der Verein verpflichtet. Der Vorstand kann auch einzelne seiner Befugnisse durch Gesamtbeschluss auf einzelne seiner Mitglieder übertragen (insbesondere die Vertretung des Vereins gegenüber von Gläubigern, Schuldnern und Gerichten).

Art. 25
Der Vorsitzende ladet zu den Sitzungen des Vorstandes ein. Der Vorstand ist beschlussfähig, wenn nach erfolgter Einladung wenigstens drei seiner Mitglieder anwesend sind. Er fasst seine Be-

schlüsse nach Stimmenmehrheit. Bei Stimmengleichheit entscheidet das Votum des Vorsitzenden.

Es müssen täglich in bestimmten, vorher bekannt zu machenden Stunden mindestens zwei Vorstandsmitglieder im Vereinslokale anwesend sein, um namens des Vorstandes zu fungieren.

Art. 26
Die Mitglieder des Vorstandes erhalten für ihre Mühewaltung eine von der Generalversammlung festzusetzende Tantieme (Gewinnanteil).

Art. 27
Der größere Ausschuss besteht aus achtzehn Mitgliedern, welche von der Generalversammlung nebst sechs Ersatzmännern erwählt werden. Jedes Jahr scheiden sechs Mitglieder und zwei Ersatzmänner desselben aus, anfänglich durch das Los bestimmt, später nach dem Amtsalter. Die Ausscheidenden sind wieder wählbar.

Der größere Ausschuss führt die Kontrolle über den Vorstand. Er kann jederzeit die Bücher, Wechsel und Wertgegenstände revidieren auch einzelne seiner Mitglieder zu diesem Zwecke deputieren. Er bringt vorkommende Beschwerden gegen den Vorstand in seinen Sitzungen oder in der Generalversammlung zur Sprache. Der erste oder der zweite Präsident, von dem größeren Ausschuss aus seiner Mitte gewählt, führt den Vorsitz in der Generalversammlung. Der größere Ausschuss setzt die Geschäftsordnung der Generalversammlung fest. Er beschließt über die Aufnahme neuer Mitglieder. Der größere Ausschuss versammelt sich in der Regel monatlich. Er kann die Mitglieder des Vorstandes zu seinen Sitzungen einladen, und sich über die Lage des Geschäfts von denselben Bericht erstatten lassen. Über die Verhandlungen des größeren Ausschusses ist ein regelmäßiges Protokoll zu führen und von den in einer Sitzung anwesenden Mitglieder zu unterzeichnen. Zur Gültigkeit der Beschluss ist nach erfolgter Einladung sämtlicher Mitglieder die Anwesenheit von mindestens neun Mitgliedern erforderlich. Bei Stimmengleichheit entscheidet das Votum des Vorsitzenden. Der größere Ausschuss ernennt aus seiner Mitte alljährlich drei Revisoren zur Prüfung der Bilanz und der ganzen Geschäftsführung und berichtet darüber in der Generalversammlung.

Art. 28
Der größere Ausschuss teilt sich in sechs Unterabteilungen von je drei Mitgliedern, von welchen an jedem Wochentag eine Abteilung das Zensorenamt versieht. Die Zensoren haben über die Gesuche um Gewährung eines Kontokorrent, und über die eingereichten Vorschuss- und Diskontierungsanträge mit dem Vorstand zu beschließen (Art. 8). Für jede Sitzung des Zensorenkollegiums erhalten die Mitglieder Anwesenheitsmarken, für welche von der Generalversammlung eine Vergütung festgesetzt wird.

Art. 29
Nur bei Nachteilen, welche durch erweisliche Verletzungen des Statuts, durch Betrug, oder wobei Fahrlässigkeit der Vereinsbehörden entstanden, können dieselben verantwortlich gemacht werden.

Mitglieder

Art. 30
Zur Erlangung der Mitgliedschaft ist Dispositionsfähigkeit erforderlich. Die Anmeldung erfolgt schriftlich an den größeren Ausschuss und wird von demselben in der nächsten Monatsversammlung erledigt.

Art. 31
Die Mitgliedschaft und zugleich das Amt in einer Vereinsbehörde hört auf:

a. in Ermangelung der in Art. 30 angegebenen Bedingungen;

b. ferner:

  1. bei eintretender Insolvenz;

2. bei halbjähriger Restverbleibung der pflichtmäßigen Beiträge zum Betriebsfonds;

3. wenn gegen ein Mitglied von dem Verein die gerichtliche Hilfsvollstreckung bewirkt worden ist;

4. bei Nichtbefolgung oder Übertretung des Statuts im Allgemeinen und der Vereinsbeschlüsse insbesondere;

5. bei Bestrafung wegen gemeiner Vergehen oder Verbrechen.

Art. 32
Der Austritt eines Mitgliedes aus dem Vereine oder der Rücktritt vom Amte ist schriftlich bei dem Vorstand drei Monate vorher und zwar im Januar, April, Juli oder Oktober anzuzeigen. Das ausscheidende Mitglied bleibt jedoch, auch wenn die Mitgliedschaft nach den Bestimmungen des Art. 31 erlischt, noch auf die Dauer eines Jahres von seinem Austritt an für seine eingegangenen Verpflichtungen haftbar, hat aber kein Recht mehr, sich an den Angelegenheiten zu beteiligen. Nach Ablauf dieser Zeit und nach der von ihm dem Vereine gegenüber eingegangenen Verbindlichkeiten erhält der Ausgeschiedene sein Guthaben sowie am Schlusse des laufenden Rechnungsjahres die auf seinen Anteil entfallende Dividende ausbezahlt.

Die Ausstände bei zweifelhaft und falliten Schuldnern werden dem Ausgetretenen gegenüber als gänzlich verloren angesehen.

Art. 33
Stirbt ein Mitglied, zu erhalten die Erben dessen eingeschriebene Gutachten und Anteils-Einlagen nach gehöriger Legitimation zurück; überlassen sie dem Vereine noch länger Gelder, so werden diese vom Todestage des verstorbenen Mitgliedes an wie die übrigen Spareinlagen oder Kontokorrentguthaben behandelt.

Art. 34
Betreibt die Witwe eines Mitgliedes oder dessen minderjährige Kinder unter einem Vormunde dessen Gewerbe weiter, so dauert auf

deren Verlangen auch die Mitgliedschaft fort. Sonstige Erben und Rechtsnachfolger werden wie neu zu Mitgliedern angemeldete Personen angesehen.

Reservefonds

Art. 35
Zur Deckung etwaiger Verluste wird ein Reservefonds gebildet:

a. durch Eintrittsgelder;

b. durch teilweise Reservierung des Reingewinns nach dem Beschluss der Generalversammlung;

c. durch das Zinserträgnis der reservierten Beträge.

Der Reservefonds soll allmählich bis auf die Hälfte des Betrags der Anteilseinlagen anwachsen. Über denselben wird getrennte Rechnung geführt, obschon die Verwendung seiner Fonds gleich den übrigen Betriebsmitteln zu den Vereinszwecken gestattet ist.

Hat der Reservefonds die Höhe der Hälfte der Anteilseinlagen erreicht, so braucht er nicht weiter dotiert zu werden und können selbst die Zinsen desselben wie der übrige Reingewinn unter die Mitglieder verteilt werden.

Wird der Reservefonds zur Deckung von Verlusten in Anspruch genommen, so soll er in den nächstfolgenden Jahren wieder bis zur Normalhöhe ergänzt werden.

Einen Anspruch auf einen Anteil an dem Reservefonds haben erst nach Auflösung des Vereins diejenigen, welche zur Zeit des Beschlusses der Auflösung noch Mitglieder waren und zwar nach vollständiger Deckung der Vereinspassiven.

Die Auszahlung eines solchen Anteils erfolgt frühestens nach einer neunmonatlichen Frist, vom Tage des Auflösungsbeschlusses an gerechnet.

Bilanz

Art. 36
Auf den 31. Dezember eines jeden Jahres wird die Bilanz vom Verwaltungsrat gezogen und nach erfolgter Revisionsgenehmigung durch den größeren Ausschuss festgestellt. Aufgrund des Berichtes des größeren Ausschusses erteilt die Generalversammlung dem Vorstande Decharge.

Aus dem nach der Jahresbilanz sich ergebenden Reingewinn werden die Verwaltungskosten und Tantiemen bestritten und der Reservefonds dotiert. Der Rest wird, nach Festsetzung der Tantiemen und Vergütung für die Anwesenheitsmarken, nach Verhältnis der Einlagen als Dividende verteilt, worüber die Generalversammlung auf Vorschlag des Vorstandes beschließt. Die Dividende wird den Mitgliedern, welche die Volleinzahlung ihrer Vereins-Anteile bewirkt haben, in bar ausbezahlt, denjenigen, welche noch nicht voll eingezahlt haben, à Konto gutgeschrieben.

Art. 37
Wenn die Bilanz ein Defizit ergibt, so ist dasselbe von der Gesamtheit der Vereinsmitglieder und zwar in gleichen Teilen einzubringen.

Der auf ein Mitglied entfallende Anteil am Defizit wird demselben entweder auf Kontokorrent oder Spar-Einlagenbuch belastet, oder wenn das Guthaben die beziehendliche Quote nicht decken sollte, nach vorgängiger Notifikation mit Anwendung aller zustehenden Rechtsmittel eingefordert.

Art. 38
Die Ergebnisse der Jahresrechnung, die Vermögensverhältnisse und der Mitgliederstand des Vereins werden alljährlich nach der Generalversammlung in Zeitungen veröffentlicht.

Art. 39
Streitigkeiten zwischen den Mitgliedern als solche und zwischen Mitgliedern gegen die Vereinsbehörden, namentlich auch über

die Auslegung der Statuten oder der gefassten Vereinsbeschlüsse, welche die Rechte und Pflichten der Mitglieder berühren, werden lediglich durch die Generalversammlung entschieden, und alle gerichtlichen Klagen deshalb sind ausgeschlossen.

Art. 40
Ist in Gemäßheit des Art. 20 der Antrag auf Auflösung des Vereins gestellt und derselbe von der Generalversammlung beschlossen worden, so ist der Verwaltungsrat verpflichtet, dafür zu sorgen, dass vor Ablauf von sechs Monaten, vom Tage des Auflösungsbeschlusses an gerechnet, alle Außenstände eingezogen und über diese Frist hinaus keine Vorschüsse mehr gemacht werden.

In diesem Zeitraum das ganze Rechnungswesen zu ordnen.

Nach Deckung der Passiven werden die verbleibenden Aktiven in Gemäßheit des Art. 36 und 37 unter die ordentlichen Mitglieder nach Verhältnis ihrer Einlagen verteilt.

Zur Mitteilung des Schluss-Rechenschaftsberichtes ist noch eine letzte Generalversammlung einzuberufen.

B. Max Otte: Volks- und Raiffeisenbanken als Stabilitätsfaktor in Wirtschaftskrisen[1] – Eine polit- und institutionenökonomische Perspektive[2]

I. Finanzmarktregulierung, Bankensystem und Finanzkrisen

1. Finanzkrisen und Finanzmarktregulierung

Nach dem Juli 2007 und insbesondere im Herbst 2008 wurde deutlich, dass die Schieflage bzw. die Insolvenz einiger weniger großer Banken das gesamte weltweite Finanzsystem in den Abgrund ziehen kann. Dabei kam die Krise keinesfalls überraschend. Die lateinamerikanische Schuldenkrise nach 1982, Folgekrisen einiger Staaten in Lateinamerika, die Asienkrise 1997 und der Kollaps des LTCM-Hedgefonds im Jahr 1998 sowie auch

[1] Hierbei sind die Sparda-Banken sowie die anderen Genossenschaftsbanken ausdrücklich eingeschlossen. Der Verfasser dankt der Volksbank Breisgau-Nord e. G., insbesondere den Herren Markus Singler und Reinhard Allgeier, der Volksbank Paderborn-Höxter-Detmold e. G., der VR-Bank Uffenheim-Neustadt e. G., der Sparda-Bank Baden-Württemberg e. G. und Herrn Gerhard Hofmann vom Bundesverband der Deutschen Volksbanken und Raiffeisenbanken (BVR). Der Verfasser dankt Dipl.-BW. Kerstin Franzisi für die Hilfe bei der Recherche.

[2] Ursprünglich 2010 erschienen in: ZfgG 60,2, S. 1–15, ISSN 0044-2429
Vandenhoeck & Ruprech GmbH & Co. KG, Göttingen 2010

die Entstehung und das Platzen der Internetblase von 1997–2002 hätten Warnsignale sein können. Geht man weiter in der Geschichte zurück, gibt es, beginnend mit der Tulpenkrise im Jahr 1636 Dutzende von Finanzkrisen, von denen die Weltwirtschaftskrise nach 1929 sicher die gravierendste ist.[3] Dennoch kommen Finanzkrisen in den Lehrbüchern der Volkswirtschaftslehre nicht oder nur am Rande vor.[4]

Finanzmärkte bergen systemische Risiken. Banken arbeiten mit wesentlich geringeren Eigenkapitalquoten als andere Unternehmen. Rutscht ein Institut in die Insolvenz, sehen die Kunden dieser Bank mit großer Wahrscheinlichkeit ihre Einlagen nicht wieder. Die Insolvenz kann sich in Form einer Kettenreaktion fortsetzen und andere Institute in die Insolvenz ziehen.[5] Finanzinstitutionen gehören daher besonders strengen Regeln unterworfen, Regeln, die insbesondere die Kapitalausstattung, die Transparenz der Rechnungslegung, die Art der Geschäfte und die Produkte betreffen sollten.[6] In diesem Aufsatz soll unter anderem gezeigt werden, dass die Organisationsform der genossenschaftlich organisierten Bank in besonderer Weise den Anforderungen an ein stabiles, nachhaltiges und wettbewerbsorientiertes Bankensystem entspricht. Es soll gezeigt werden, dass etliche der Forderungen, die Aufsichtsbehörden umsetzen sollen, bereits in der genossenschaftlichen Organisationsform verwirklicht sind. In vielen Fäl-

---

[3] Vgl. MacKay, C./de la Vega, J.: Gier und Wahnsinn – Warum der Crash immer wiederkommt, Otte, M. (Hrsg.), München 2010; Kindleberger, C.: Manias, Panics and Crashes, 5. Aufl., Hoboken 2005; Reinhart, C. M./Rogoff, K. S.: This Time is Different – Eight Centuries of Financial Folly, Princeton 2009; Bookstaber, R.: A Demon of Our Own Design – Markets, Hedge Funds, and the Perils of Financial Innovations, Hoboken 2007.

[4] *Economics* von Samuelson/Nordhaus etwa, das bekannteste Lehrbuch der Volkswirtschaftslehre, behandelt Finanzkrisen überhaupt nicht. Vgl. Samuelson, P./ Nordhaus, W.: Economics, 19th Ed., Irwin 2009; ebenso Frank, R. R./Bernanke, B. S.: Principles of Macroeconomics, 3. Aufl., New York 2006.

[5] Vgl. Calomiris,C.W./Gorton,G.: The Origins of Banking Panics: Models, Facts, and Bank Regulation, NBER Chapters, in: Financial Markets and Financial Crises, Cambridge, MA, 1991, S. 109–174.

[6] Vgl. Sinn, H. W.: Lemon Banks and Bank Regulation, in: Perspektiven der Wirtschaftspolitik 5, Oxford 2004, S. 23–38, hier S. 33–34, online unter http://www.ifo.de/ portal/page/portal/ifoHome/B-politik/90spezial/bankenregulierung.

len wäre es daher nicht notwendig, »strengere Aufsicht« walten zu lassen, sondern bessere Organisations- und Governance-Formen und Satzungen einzuführen, für die der genossenschaftlich organisierte Banksektor als Beispiel dienen kann.

2. Prinzipien zur Gestaltung eines Bankensystems

a. Allgemeine Prinzipien

Sony Kapoor, ein ehemaliger Investmentbanker, der Lehman bereits lange vor der Krise verließ, um sich mit der Reform des globalen Finanzwesens zu beschäftigen, fasst die Prinzipien zur Gestaltung eines Bankensystems wie folgt zusammen: Fairness, Stabilität und Nachhaltigkeit, Haftung, Transparenz, Wettbewerb, Diversität sowie Einfachheit.[7] Hätte man diese Prinzipien konsequent umgesetzt, wäre es nicht zur Finanzkrise in ihrer jetzigen Form und ihrem jetzigen Ausmaß gekommen. Gerechtigkeit und Fairness würden z. B. bedeuten, dass Banken nicht mehr die Gewinne ihrer spekulativen Aktivitäten einstecken und die Verluste der Öffentlichkeit aufbürden können. Kosten und Risiken werden von den Verursachern getragen. Stabilität und Nachhaltigkeit würden unter anderem eine entsprechende Eigenkapitalausstattung und sehr strenge Regeln für Produkte, deren Kosten erst in der Zukunft anfallen bzw. deren Risiken nicht klar erkennbar sind, beinhalten.

b. Beispiel – Regulierung der Geschäftsmodelle

Aus der Forderung nach Diversität ergibt sich die Forderung nach der Regulierung der Geschäftsmodelle – weg vom Allfinanzgeschäft und hin zu spezielleren Instituten, wie z. B. Investmentbanken, klassische Kreditinstitute, Vermögensmanager und Spezialinstitute. Eine aus Sicht dieses Autors höchst sinnvolle Maßnahme – die aber kaum Chancen auf Erfolg hat – wäre das Verbot des Eigenhandels für Investmentbanken. Der Eigenhandel birgt durch die großen bewegten Summenmassive systemische Risiken. Im Erfolgsfall kassieren Bank und Trader, im Misserfolgsfall zahlt die Öffentlichkeit. Dieses Marktsegment könnte

7 Siehe die Prinzipien online unter http://www.re-define.org/future-finance.

in Zukunft komplett durch Hedgefonds abgedeckt werden. Der Vorteil: Rechtlich eigenständige Hedgefonds müssen ihre Mittel erst einwerben und haben damit zunächst nicht das Volumen wie der Eigenhandel großer Banken. Hier wäre zusätzlich über eine maximale Größe nachzudenken und darüber, wie viele Hedgefonds ein Manager betreuen darf.

Auch eine Regulierung der Größe und der Region, in der eine Bank tätig sein darf – wie durch den Glass-Steagall Act 1933 in den USA erfolgt –, ist sinnvoll. Allzu große Banken erhöhen das systemische Risiko massiv, allzu kleine Banken exponieren sich vielleicht zu sehr bei spezifischen Risiken.[8] Eine Lizenzierung und Kontingentierung von internationalen Tochtergesellschaften wäre sinnvoll, müsste allerdings in einem internationalen Rahmen angegangen werden.

c. Einfachheit

Gelegentlich ist das Argument zu hören, dass es in kaum einem Sektor so viele Regulierungen gebe wie im Bankensektor.[9] Das Argument geht an der Sache vorbei: Die jetzigen Regeln sind komplex, intransparent und oftmals wachsweich. Sie begünstigen tendenziell die großen Akteure und die Spekulation. Gute Regeln sind einfach und transparent und setzen »harte« Grenzen für bestimmte Geschäfte und Aktivitäten. Sie jetzt einzuführen, würde sicher bedeuten, das hypertrophe Finanzsystem wieder auf eine gesunde Größe zusammenzuschrumpfen. Dazu würden im Prinzip drei Regelwerke ausreichen: 1. transparente und ausreichende Eigenkapitalausstattung, 2. eine Regulierung der Geschäftsmodelle und der Regionen, in denen eine Bank tätig ist, und 3. einige Regeln für Produkte (z. B. eine starke Einschränkung der Verwendung von Derivaten bei Privatanlegern).

---

8 Vgl. Kapoor, S.: What should the banking system look like?, online unter http://redefine. org/future-finance.

9 So z. B. Karl-Peter Schackmann-Fallis, Vorstandsmitglied des Deutschen Sparkassen- und Giroverbandes, auf dem Hermeskeiler Wirtschaftstag der Geschwister-Scholl-Schule in Hermeskeil am 08.06.2009.

II. Das Geschäftsmodell der Volks- und Raiffeisenbanken: historische Perspektive und Aktualität in der Krise

1. Historische Perspektiven

Kapoor fordert unter anderem die ausreichende Diversität des Bankensystems.[10] Ein stabiles und ausdifferenziertes Banken-Ökosystem, das aus Banken mit unterschiedlichen und klar abgegrenzten Geschäftsmodellen besteht, ist krisenresistenter als eine Bankenmonokultur. Wenn plötzlich viele Banken Investmentbanking betreiben wollen oder strukturierte Produkte vertreiben, wenn Banken wie Versicherungen agieren und Versicherungen wie Banken, dann ist die Diversität gefährdet. Das deutsche Bankwesen von ca. 1870 bis 1990 und damit auch der wichtige Sektor der genossenschaftlich organisierten Banken entsprachen in besonderem Ausmaß den Forderungen nach Diversität und Stabilität. Internationale Autoren blickten bereits im frühen 20. Jahrhundert mit Respekt, ja sogar Neid auf dieses System.[11] Der jüngeren Kritik aus dem angelsächsischen Raum, dass sich im deutschen Bankwesen keine ausreichenden Eigenkapitalrenditen erzielen lassen, entzieht Hannes Rehm in einem bemerkenswerten Artikel den Boden. Das deutsche Bankwesen liegt bei fast allen Produktivitätskennziffern vorne, mit Ausnahme eben der Eigenkapitalrendite. Eine hohe Eigenkapitalrendite ist aber gerade der Beweis für fehlenden Wettbewerb und oligopolistische Strukturen, wie sie z. B. in den USA, England, Spanien und Italien dominieren.[12] Das deutsche Bankwesen kann im Gegenteil als ein vorbildlich ausdifferenziertes System gesehen werden, welches seine Aufgabe – die Wirtschaft mit Krediten zu versorgen und einen ausreichenden Wettbewerb zu gewährleisten – größtenteils sehr gut erfüllt.

---

[10] Vgl. Kapoor, S.: Too complex to regulate, online unter http://www.epi.org/analysis_and_opinion/entry/too_complex_to_regulate/; sowie Kapoor, S. (Fn. 7).

[11] Vgl. Hauser, H.: Germany's Commercial Grip on the World. Her Business Methods Explained, New York 1983; Nachdruck von: Les méthodes allemandes d'expansion économique, New York 1918.

[12] Vgl. Rehm, H.: Das Deutsche Bankensystem – Befund – Probleme – Perspektiven (Teile I und II), in: KREDIT und KAPITAL, 41. Jg. (2008), Teil I: Heft 2, S. 135–159, Teil II: Heft 3, S. 305–331, insb. 153.

Das auf den drei Säulen der Genossenschaftsbanken, der Sparkassen und der Privatbanken beruhende Finanzsystem entwickelte sich in der zweiten Hälfte des 19. Jahrhunderts und hat in seinen Grundzügen bis heute Bestand. Ende 2007 zählte die Deutsche Bundesbank 2.277 Institute mit 38.840 Zweigstellen, darunter 446 Sparkassen und 12 Landesbanken, 1.234 Kreditgenossenschaften und 2 genossenschaftliche Zentralinstitute sowie 260 Privatbanken, darunter 5 Großbanken.[13] In diesem System bilden die Sparkassen und die Genossenschaftsbanken die Basis.

Sparkassen: Noch vor den Genossenschaftsbanken und dem Beginn der industriellen Revolution entstanden im letzten Drittel des 18. Jahrhunderts die ersten Sparkassen. Der Sparkassensektor ist bis heute noch vor den genossenschaftlich organisierten Banken nach Kreditvolumen Marktführer in Deutschland. Im Jahr 1884 wurde der erste Sparkassenverband gegründet. Die erste Girozentrale entstand 1908 in Sachsen. Der bargeldlose Zahlungsverkehr mit Lastschriften und Abbuchungen stellte im Verlauf des gesamten 20. Jahrhunderts einen großen Effizienzvorteil des deutschen Wirtschaftssystems gegenüber dem angelsächsischen System dar.[14]

Genossenschaftsbanken: Die ersten Genossenschaften entstanden Anfang des 19. Jahrhunderts aus der Idee der Selbsthilfe unter freien Bürgern und Bauern. Während Hermann Schulze-Delitzsch sich dabei vor allem auf die Handwerker konzentrierte, lag der Schwerpunkt der Bemühungen von Friedrich Wilhelm Raiffeisen bei den Bauern. Der heute nicht mehr so bekannte Viktor Aimé Huber wollte auch Fabrikarbeiter in die genossenschaftliche Idee einbeziehen. 1850 gründete Hermann Schulze-Delitzsch in Leipzig mit dem »Vorschussverein« die erste Kreditgenossenschaft. Bis zum preußischen Genossenschaftsgesetz von 1867 hafteten die Mitglieder mit ihrem gesamten Vermögen wie bei einer offenen Handelsgesellschaft, danach in Höhe der an-

[13] Siehe diese Angaben online unter http://www.bundesbank.de/download/bildung/geld_sec2/geld2_04.pdf.

[14] Siehe online unter http://www.dsgv.de/de/sparkassen-finanzgruppe/daten_und_fakten/finanzgruppe_in_zahlen/index.html.

gesammelten Mitgliedsbeiträge. 1887 wurde auch ein Reichsgenossenschaftsgesetz beschlossen. Bereits 1864 wurde in Berlin die Deutsche Genossenschaftsbank als Zentralinstitut gegründet. Nach 1870 drifteten die Handwerksgenossenschaften und die landwirtschaftlich orientierten Raiffeisen-Genossenschaften auseinander, näherten sich jedoch ab 1890 wieder aneinander an. Vor dem Ersten Weltkrieg gab es in Deutschland rund 17.000 Kreditgenossenschaften, fast in jedem Dorf eine.

Diese auf Solidarität und bürgerlicher Selbstorganisation beruhende Finanzierungsstruktur für Handwerk, Landwirtschaft und industriellen Mittelstand durch Kreditgenossenschaften (und Sparkassen) war eine der großen Stärken des deutschen Finanzsystems und ist es bis heute. Demgegenüber mutet das Bankwesen der Vereinigten Staaten im 19. und teilweise auch im 20. Jahrhundert fast vorsintflutlich an: Vor Beginn der Großen Depression gab es in den USA im Jahr 1929 noch 24.633 Banken, viele davon nicht mehr als ein kleines Gebäude zur Ein- und Auszahlung von Geld.[15] Überschüssiges Kapital wurde in die sogenannten Money Center gesandt, wo es für große Handels- und Investmentbankingaktivitäten verwendet wurde. Die regionale Kreditversorgung, wie sie in Deutschland gegeben war, war in den USA unterentwickelt. Privatbanken und Private Aktienbanken, Versicherungen, »Deutschland AG«: Der hohe Kapitalbedarf der während der industriellen Revolution entstehenden Konzerne wurde nach 1850, und insbesondere nach der Gründerzeit, die 1870 einsetzte, zu einem guten Teil durch langfristige Kredite von mit Kapital gut ausgestatteten Aktienbanken bereitgestellt. Im Jahr 1870 entstanden die Deutsche Bank und die Commerzbank, 1872 die Vorläuferin der Dresdner Bank und bereits 1869 die Bayerische Vereinsbank. Ab Ende des 19. Jahrhunderts entwickelten sich auch die Versicherungskonzerne zu wichtigen Kapitalsammelstellen für die Wirtschaft. Später übernahmen sie auch direkte Industriebeteiligungen. Im Jahr 1890 wurde die Allianz gegründet, die rasch zusammen mit der Deutschen Bank im Zentrum der »Deutschland AG« stand.

15 Vgl. Historical Statistics of the United States (ed.): Colonial Times to 1970, Washington 1975, S. 912.

2. Stabilitätsfördernde Elemente des Geschäftsmodells der Volks- und Raiffeisenbanken

a. Einfaches und klares Geschäftsmodell

Das seit Berle und Means bekannte Principal-Agent-Problem in der institutionellen Ökonomik legt nahe, dass Unternehmen mit klaren und einfachen Geschäftsmodellen aufgrund geringerer Informationsasymmetrien geringere Agency-Probleme zu erwarten haben als komplexe Organisationen.[16] Das Geschäftsmodell der Volks- und Raiffeisenbanken ist – wie das der Sparkassen – denkbar klar und einfach. Die Volks- oder Raiffeisenbank nimmt im Wesentlichen Kundeneinlagen entgegen und vergibt Kredite an private und gewerbliche Kunden, die oft durch Grundpfandrechte besichert sind. Daneben wird Geschäft der Spezialinstitute vermittelt.

Auf der Aktivseite machen Forderungen an Kunden meist über 50 % der Bilanzsumme aus, ein Großteil davon ist wiederum durch Grundpfandrechte gesichert. Die Forderungen an Kreditinstitute betragen bei den untersuchten Instituten weniger als 20 % der Bilanzsumme, die Investitionen in Schuldverschreibungen und andere festverzinsliche Wertpapiere ca. 20 %. Auf der Passivseite sind mehr als 60 %originäres Geschäft – nämlich Geschäft mit den Firmen- und Privatkunden der Bank. Eine solche »Erdung« des Bankgeschäfts trägt wesentlich dazu bei, dass keine komplexen Strukturen derivativer Finanzgeschäfte entstehen und dass die Funktion der Genossenschaftsbanken eine »dienende für die Realwirtschaft« ist. Dies ist nach Rehm auch insgesamt für den Bankensektor zu fordern.[17]

b. Ausdifferenzierung im Finanzverbund

Auch die Zentralinstitute im FinanzVerbund wie die DZ und WGZ-Bank, Union Invest, die R+V Versicherung, die VR Leasing und die Bausparkasse Schwäbisch Hall entsprechen der Forde-

[16] Vgl. Berle, A./Means, G.: The Modern Corporation and Private Property, New York 1932; Grossman, S./Hart, O.: An Analysis of the Principal Agent Problem, in: Econometrica Bd. 51 (1983) Nr. 1, S. 7–46.

[17] Vgl. Rehm, H. (Fn. 11), S. 321.

rung eines ausdifferenzierten Banksystems – hier gibt es Institute mit weitgehend klaren Mandaten, die von ihren Mitgliedern getragen werden.[18] Eine derartige Differenzierung in überregionale und internationale Spezialinstitute und regionale Kundeninstitute, die jeweils rechtlich selbständig sind, entspricht in besonderem Maße den Prinzipien nachhaltigen Handelns: Die regionalen Genossenschaftsbanken sind als Hauptansprechpartner des Kunden Generalisten mit einem klaren Mandat, die Spezialinstitute haben ebenfalls klare Mandate. Beides hilft, bei größtmöglicher Transparenz durch ebenfalls klare Mandate der Spezialinstitute eine umfassende Bedienung der Kundenwünsche zu ermöglichen. Verkaufskennzahlen zeigen in diesem Zusammenhang, dass das Geschäft mit den Spezialinstituten zwar zur Wertschöpfung beiträgt, aber volumenmäßig bei unter 20 % der Forderungen der Regionalinstitute an Kunden bleibt.[19] Zudem teilt es sich auf verschiedene Zentralinstitute auf. Damit ist das einzelne Institut nicht übermäßig von einem Spezialinstitut abhängig. Allerdings treten Spezialinstitute auch als Initiator von Produkten und Services auf, die sich nicht unbedingt mit der ursprünglichen Idee der Genossenschaftsbanken in Einklang bringen lassen. So ist die DZ Bank einer der großen Akteure im Derivategeschäft in Deutschland.[20] Andere Spezialinstitute, wie z. B. der Bereich Banken und Kreditversicherung der R+V Versicherung, weisen eine ausgesprochen antizyklische und damit auch gesamtwirtschaftlich stabilisierende Geschäftspolitik auf.[21]

c. Regionalprinzip

Die genossenschaftliche Organisationsform hat dazu beigetragen, die Auswirkungen der Krise in Deutschland zu minimieren. Sie entspricht in besonderem Ausmaß den Anforderungen an ein Bankensystem: Durch das Regionalprinzip können Risiken in der

[18] Für einen Überblick, siehe online unter http://www.bvr.de/public.nsf/index.html!ReadForm&main=3&sub=30.

[19] Übersicht von wichtigen Verkaufskennzahlen der Volksbank Breisgau Nord e. G., 2002–2008, internes Dokument.

[20] Siehe Abschnitt IV.

[21] Gespräch mit Rudolf Servatius, Bereichsleiter Banken und Kredit, R+V Versicherungen, in Köln am 18.01.2010.

Kreditvergabe besser erkannt werden als bei großflächig aktiven Instituten. Neben den »harten« Faktoren können so auch »weiche« Faktoren besser eingeschätzt werden. Zudem ist der Faktor »Reputation« in einem regionalen Kontext als disziplinierender Faktor wesentlich wirksamer als auf anonymen internationalen Kapitalmärkten.[22]

Es ist an der Zeit, den von Rudolf Hilferding eingeführten Begriff des »Internationalen Finanzkapitals« nüchtern und ohne ideologische Scheuklappen auf seine Nützlichkeit zu untersuchen.[23] Letztlich soll der Begriff verdeutlichen, dass es zwischen international mobilen Produktionsfaktoren – und das sind Kapital und ggf. auch Manager – und regional gebundenen Faktoren – mittelständischen Unternehmern, regional ausgerichteten Banken, Kommunen und Arbeitnehmern – Interessenkonflikte geben kann. Natürlich werden international agierende Finanzfonds und Banken anders agieren als regional verankerte Unternehmen, selbst wenn die letztgenannten massiv exportieren sollten.

Die jüngste Vergangenheit hat deutlich gezeigt, dass internationale Kapitalströme weit über den Rahmen des ökonomisch sinnvollen Ausmaßes auftreten und zu gesamtwirtschaftlichen Blasen führen können. Platzen diese Blasen, fließt Kapital panikartig ab. Beispiele sind die lateinamerikanische Schuldenkrise nach 1982, die Asienkrise 1997, die lateinamerikanischen Krisen der neunziger Jahre, aber auch die Subprime-Krise, die ohne den massiven Zustrom internationalen Kapitals in die USA nicht hätte erfolgen können.[24] Derartige, durch das Finanzsystem selbst erzeugte Instabilitäten verringern die Planungssicherheit. Während Finanzakteure durch die hohe Volatilität an den Weltfinanzmärkten in Summe gut verdienen können, ist diese für produzierende Unternehmen schädlich.

---

[22] Vgl. Cabral, L. M. B.: The Economics of Reputation – a Primer, New York 2005 (unveröffentlichtes Manuskript); Kreps, D. M./Wilson, R.: Economics and Imperfect Information, in: Journal of Economic Theory 27, S. 253–279.

[23] Hilferding, R.: Das Finanzkapital. Eine Studie über die jüngste Entwicklung des Kapitalismus, Wien 1910.

[24] Vgl. Fn. 3.

Nach der Weltwirtschaftskrise hatte der marktwirtschaftlich orientierte Teil der Welt sich im System von Bretton Woods Regeln gegeben, die u. a. feste, aber anpassungsfähige Wechselkurse, Regeln für den Kapitalverkehr und staatliche Interventionen bei starken außerwirtschaftlichen Ungleichgewichten beinhalteten. Diese Regeln waren eine direkte Konsequenz aus der Weltwirtschaftskrise nach 1929. Sie wurden nach 1971, als US-Präsident Nixon die Konvertibilität des US-Dollars in Gold aufhob, im Zuge der Liberalisierung sukzessive abgeschafft.

Angesichts des Fehlens verbindlicher internationaler Regelungen wirkt es sich stabilisierend auf die deutsche und auch die internationale Wirtschaft aus, dass Deutschland als drittgrößte Sparnation der Welt in den Volks- und Raiffeisen-, Genossenschafts- und Sparda-Banken – sowie auch in den Sparkassen – eine regional verankerte Bankenlandschaft besitzt. Diese Stärke des deutschen Bankwesens ist immer wieder Angriffen der internationalen Finanzlobby ausgesetzt, die zunächst die Gewährträgerhaftung der Sparkassen und Landesbanken aufhob. Nun sind aber sogar die – völlig marktkonform – aus eigenen Mitteln finanzierten Sicherungseinrichtungen des genossenschaftlich organisierten Bankensektors unter Druck seitens der internationalen Finanzlobby. Hier ist höchste Wachsamkeit geboten. Es besteht ein Interessengegensatz zwischen genossenschaftlich, regional und realwirtschaftlich verankerten Finanzinstituten und internationalen Finanzakteuren, und es ist an der Zeit, dass die Genossenschaftsbanken diesen Interessengegensatz ernst nehmen und sich deutlicher gegen entsprechende Lobbyversuche wehren.

d. Governance: Genossenschaftliche Organisationsform

Die genossenschaftliche Organisationsform sorgt für eine eingeschränkte Fungibilität der Anteile sowie dafür, dass ein einzelner Anteilseigner nie einen maßgeblichen Stimmanteil erringen kann. Dies wird in der »modernen« ökonomischen Literatur oftmals als Nachteil gesehen, da es keinen aktiven Markt für Unternehmensübernahmen gebe, der ansonsten für Effizienz sorge.[25] Allerdings werden die kritischen Stimmen am »Shareholder Value« und den positiven Wirkungen des Marktes für »Corporate Control« lauter. Etliche Studien belegen, dass über zwei Drittel aller Fusionen wertvernichtend wirken.[26] Sogar der Ex-CEO von General Electric, Jack Welch, der »Shareholder Value« populär gemacht hat, sieht die einseitige Shareholder-Value-Orientierung als Fehler an.[27] Sie führt oftmals zu Kurzfristdenken und einer übermäßigen Finanzmarktorientierung auf Kosten von Kunden und der Entwicklung neuer Produkte.

Insofern gibt die genossenschaftliche Organisationsform den einzelnen Instituten die Chance, sich auf ihr Kerngeschäft zu konzentrieren. Sie bietet einen Schutz vor Managementmethoden und -moden, die in den letzten Jahrzehnten über die Unternehmenswelt gezogen sind. Dass dabei der Faktor Effizienz nicht zu kurz kommt, zeigen die massiven Effizienzgewinne des genossenschaftlich orientierten Sektors in den letzten beiden Jahrzehnten. Beispielhaft hierfür sind die operativen Kennzahlen der Sparda-Bank Baden-Württemberg e.G., die sich auch in der Krise weiter verbessert haben.[28] Auch der »Markt für Unternehmensübernahmen« funktionierte intern: Eine Vielzahl von kleineren Instituten wurde in den letzten Jahrzehnten fusioniert, so dass die Bereinigung der deutschen Banklandschaft viel weiter fortgeschritten ist, als dies von internationaler Seite zugegeben wird.[29]

e. Haftung: Eigenkapital und Sicherungseinrichtungen

Mit mindestens 4 % bis 5 % »echtem« Eigenkapital sowie weiteren Rückstellungen – der Verfasser zieht hier bewusst die einfa-

---

[25] Vgl. Jensen, M. C.: Agency Costs of Free Cash Flows, Corporate Finance, and Takeovers, in: The American Economic Review vol. 76, 1986, S. 323–329; Jensen, M. C./Ruback, R. S.: The market for corporate control: The scientific evidence, in: Journal of Financial Economics vol. 11, 1983, S. 5–50.

[26] Vgl. Grubb, T. M./Lamb, R. B.: Capitalize on Merger Chaos, New York 2002; Heskett, J.: Should We Brace Ourselves for Another Era of M&A Value Destruction?, in: Harvard Business School Working Knowledge, 04.04.2004.

[27] Vgl. o. V.: Welch denounces corporate obsessions, in: Financial Times, 12.03.2009.

[28] Siehe die Kennzahlen online unter https://www.sparda-bw.de/bilanz.php.

[29] Vgl. Rehm, H. (Fn. 11), S. 137.

chen Eigenkapitalquoten und nicht die Basel-II-Definitionen zu Rate – sind die meisten Genossenschaftsbanken angesichts des klaren Geschäftsmodells angemessen kapitalisiert, solange sie ein gutes Risikocontrolling betreiben. Mit den durch eigene Umlagen finanzierten Sicherungseinrichtungen entsprechen die Genossenschaftsbanken in besonderem Maße dem Prinzip der Haftung (im Verbund) für eigene ökonomische Fehleinschätzungen.

III. Die Volks- und Raiffeisenbanken und die Finanzkrise

Bei den von mir stichprobenartig untersuchten Instituten – der Volksbank Breisgau Nord, der VR-Bank Uffenheim-Neustadt, der Volksbank Paderborn-Höxter-Detmold und der Sparda-Bank Baden Württemberg e.G. – halten sich die negativen Auswirkungen der Finanzkrise 2008/2009 im Rahmen. Die entsprechenden Institute betreiben ihr Geschäft weitgehend unverändert und üben somit einen stabilisierenden Einfluss auf die Wirtschaft aus. So kann der folgende Abschnitt auch relativ kurz gehalten werden.

In einigen der Institute stieg das Kreditvolumen, in anderen sank es leicht. Es kann davon ausgegangen werden, dass zusätzliche Kredite vergeben wurden, zumal die Investitionsnachfrage 2008 dramatisch einbrach. Bei einem der untersuchten Institute ist im Jahr 2008 bei einem um 0,3 % abnehmenden Kundenvolumen ein Anstieg des Jahresüberschusses von 10 % zu verzeichnen.

Die untersuchten Volks- und Raiffeisenbanken haben durchweg aufgrund der Finanzkrise Mittelzuflüsse aus Kundeneinlagen zu verzeichnen. Einzelne, bilanziell besonders gut dastehende Institute nutzten auch die extrem subventionierten Refinanzierungsmöglichkeiten über die Europäische Zentralbank, um Mittel aufzunehmen und diese im Geldmarkt oder Markt für Schuldverschreibungen zu investieren.

Die entsprechenden staatlichen Subventionen durch die Niedrigzinspolitik der Notenbanken werden vor allem bei den Instituten benötigt, die vor der Finanzkrise unseriös gewirtschaftet haben. Die genossenschaftlich orientierten Banken haben im Rahmen der Finanzkrise sowieso einen hohen Zufluss von Spar- und Sichteinlagen zu verarbeiten und nutzen staatliche Subventionen nach Kenntnis dieses Verfassers vor allem zu Mitnahmeeffekten. Letztlich zeigt sich hier exemplarisch, dass die monetären Rettungsaktionen der Notenbanken zu Kapitalfehlallokationen führen können: VR-Banken nutzen die zusätzliche Liquidität für Finanzmarktgeschäfte, während sie ihr reguläres Kreditgeschäft bereits mit Eigenmitteln abdecken können.

IV. Herausforderungen und Chancen

1. Basel II – Leverage Ratio

Die Hinterlegung von Bankaktiva durch risikogewichtetes Eigenkapital nach Basel II hat letztlich die Finanzkrise nicht verhindert. Das Regelwerk sowie die Zulassung von Kapitalsurrogaten erhöht die Komplexität der Regulierung sowie die Intransparenz. Das Regelwerk von Basel II hat letztlich eine Verringerung der Eigenkapitaldecke zur Folge. Es belastet kleine und mittelständische Unternehmen (KMU) mit zusätzlichem Aufwand.

Der Baseler Ausschuss entwickelt Konzepte zur Erhöhung der Qualität des Kernkapitals. Sogar eine feste »leverage Ratio« für Banken wird angedacht. Der BVR lehnt die letztere Überlegung ab, da sich eine »leverage Ratio« auch in den USA nicht bewährt habe.[30] Auch der Bundesverband deutscher Banken lehnt die Einführung einer »leverage Ratio« strikt ab.[31]

Dies ist aus Sicht der Regionalinstitute des genossenschaftlichen Sektors und des Sparkassensektors schwer nachzuvollziehen. Das Haupt- und Tagesgeschäft beider Unternehmensgruppen würde

---

30 Vgl. Dieterich, T.: Baseler Pläne zu Kernkapitaldefinition und Leverage Ratio ernten Lob und Kritik, 08.09.2009, online bei Risikomanagement und Finanzmarktregulierung im Medienfokus unter http://rmrg.de/?p=1091.

31 Vgl. o. V.: BdB lehnt Einführung einer Leverage Ratio weiterhin strikt ab, 17. 12. 2009, online unter http://www.dowjones.de/site/2009/12/bdb-lehnt-einf_hrungeiner-leverage-ratio-weiterhin-strikt-ab.html.

von einer solchen Leverage Ratio, die vor allem bei den internationalen kapitalmarktorientierten Instituten greifen würde, nicht tangiert. Die Leverage Ratio würde gerade den spekulativen Sektor beschneiden und das Kreditgeschäft weitgehend unbeeinträchtigt lassen. Lediglich die Zentralinstitute könnten sich hier Beschränkungen ausgesetzt sehen.

Für den genossenschaftlich orientierten Banksektor (wie auch für die Sparkassen) wäre es von Vorteil, wenn einfache und klare Kapitalregeln gelten würden. Ansonsten steht zu befürchten, dass die für die Realwirtschaft oftmals schädlichen Geschäfte der kapitalmarktorientierten internationalen Akteure weitestgehend ungebremst weiter stattfinden werden.

2. Rating – kapitalistische Planwirtschaft?

Mit der massiven Verbriefung von Krediten hat sich das weltweite Finanzsystem in Richtung einer möglichst weitgehenden Disintermediation und Anonymisierung des Kreditgeschäfts bewegt. Die Hoffnungen, die dabei in das Rating von Produkten und die »Objektivierung« der Kreditvergabe gesteckt wurden, haben sich bei den großen internationalen Kapitalmarktakteuren nicht erfüllt. Im Gegenteil, die Finanzkrise wurde auch ermöglicht durch eine wirklichkeitsfremde »kapitalistische Planwirtschaft«, bei der sich alle Akteure nach den zentral festgelegten Ratingnoten eines privaten angelsächsischen Kartells richten, in welchem zudem massive Interessenkonflikte die Objektivität der Akteure beeinträchtigten. Auch nach der Finanzkrise ist ein weitestgehendes Festhalten am System der zentralen Ratingagenturen zu konstatieren.

Das Regionalprinzip der Genossenschaftsbanken sowie das deutsche Hausbankensystem ist dem ursprünglichen Gedanken des Rating diametral entgegengesetzt, wenn im Hinblick auf Transparenz, Governance und Kompetenz vor Ort sicher auch Kritik möglich ist. Mit dem bankintern vom BVR entwickelten Ratingsystem ist für die Genossenschaftsbanken und Zentralinstitute ein praktikables Modell entwickelt worden, welches in vielen mittelständischen Unternehmen der deutschen Wirtschaft – auch bei kleineren Mittelständlern – erfolgreich Anwendung findet. So analysiert alleine der Bereich Banken und Kredit der R+V Versicherung jährlich an die 10.000 Bilanzen. Hier könnte auch ein effektives Gegengewicht zu den angelsächsischen Ratingagenturen entstehen.

3. Basel II: Prozyklizität, IFRS

In der Finanzkrise wurde deutlich, dass die Regelungen von Basel II prozyklisch wirken. In der Krise steigen die Risikozuschläge, in guten Zeiten sinken sie. Eine solche Prozyklizität nutzt dem internationalen Finanzkapital und schadet der Realwirtschaft. Volatilität nutzt zunächst einmal spekulativ und flexibel agierenden Finanzmarktakteuren und schafft realwirtschaftliche Kosten in Form von Kalkulationsunsicherheit und Verwerfungen. Hier ist dringend – auf deutscher, europäischer und internationaler Ebene – eine Reform anzumahnen.

Ähnliches gilt für die IFRS, die oftmals die Transparenz erschweren und ebenfalls prozyklische Elemente enthalten. Bieg hat die schädlichen Auswirkungen der FairValue-Bilanzierung dargelegt und eine Initiative gegen FairValue gestartet.[32] Peemöller kommt zu dem Schluss, »dass die Übernahme der IFRS für kleine und mittlere Unternehmen nicht unproblematisch ist.«[33] Ebenfalls fordert er, dass die berechtigte Kritik nicht dazu führen dürfe, sich nicht mit IFRS zu beschäftigen und diese Belange alleine in die Hände der Berater und Prüfer zu legen.[34] Noch bilanzieren die Regionalgesellschaften nach dem HGB. Dies ist nach Ansicht des Verfassers mit allen Mitteln zu verteidigen. Auch für die Zentralinstitute wäre eine Rückkehr zum HGB zu fordern.

4. Zentralinstitute und Shared Services

Zwischen Zentral- und Regionalinstituten besteht ein komplexes Verhältnis, das nicht immer ganz frei von produktiven Span-

---

[32] Vgl. o. V.: Bewertung: Initiative gegen die Fair Value-Konzeption, in: Finanzbetrieb 12/2008, Seite 804.

[33] Peemöller, V. H./Schmalz, H.: IFRS für kleine und mittlere Unternehmen sowie Genossenschaften, in: ZfgG Bd. 57 (2007), S. 204–221, hier S. 220.

[34] Vgl. Peemöller, V. H./Schmalz, H. (Fn. 32), S. 221.

nungen ist. Ein Teil der Kontroverse bezieht sich auf die Gestaltung der internen Verrechnungssätze. Zentralinstitute erbringen vielerlei Produkte und Dienstleistungen, welche von den Regionalinstituten vertrieben werden: Lebensversicherungen, Leasingverträge, Bausparverträge, Fondsanlagen.

Allerdings kann sich das zentrale Angebot auch seine eigene Nachfrage schaffen, wie vermutlich im Bereich der deutschen Sonderkonjunktur bei den Zertifikaten, die es so – außer in Österreich – in keinem Land der Welt gibt. Vergleichsweise wenig restriktive Regulierungen bei dem Vertrieb von Zertifikaten an Privatanleger und massive Ersparnisse der deutschen Privathaushalte führten in Deutschland zu einer Zertifikateflut, wobei viele Papiere oftmals missbräuchlich, gegen den Kundenwillen und zum Schaden des Kunden, platziert wurden. Hier ist darauf zu achten, dass Zentralinstitute wie die DZ Bank nicht über das Ziel hinausschießen und sich in Marktsegmenten engagieren, die mit dem ursprünglichen Ziel der Förderung der Mitglieder nichts mehr zu tun haben.[35]

5. Veränderungen im Markt: Asset Management, Honorarberatung

In der alternden Nettosparnation Deutschland sind Asset Management und Vermögensverwaltung für Privatkunden mittlerweile zu einem bedeutenden Wirtschaftsfaktor innerhalb der Finanzbranche geworden. So stieg das Geldvermögen der privaten Haushalte in Deutschland von 3,6 Billionen Euro im Jahr 2000 auf 4,6 Billionen im Jahr 2007.[36] Das Fondsvermögen stieg von 2000 bis zum 1. Halbjahr 2008 von 450 auf 700 Millionen Euro.[37] Die Zahl der Kunden der Finanzvertriebe stieg von 760.000

[35] Vgl. o. V.: Die Gier war grenzenlos – eine deutsche Börsenhändlerin packt aus, Berlin 2009; Schutzgemeinschaft der Kapitalanleger (Hrsg.): Schwarzbuch Börse 2007, München 2008.

[36] Vgl. Seibert, A.: Erstellung eines strategischen Unternehmensplans im Rahmen des Ersterlaubnisantrages zur Zulassung als Finanzdienstleister bei der BaFin, Wissenschaftliche projektbezogene Arbeit zur Erlangung des Grades des Diplom Betriebswirts (FH) an der Fachhochschule Worms, Worms 2008 (unveröffentlichtes Manuskript).

[37] Vgl. Seibert, A. (Fn. 35), S. 35.

im Jahr 2004 auf 930.000 im Jahr 2007.[38] Der Anteil der Einkommensgruppe »200 % des Median und mehr« stieg um fast 75 %, von 5,3 % im Jahr 1986 auf 9,2 %im Jahr 2006 an.[39] Im Bereich Asset Management ist in Deutschland weiter massives Wachstumspotential vorhanden.

Deutsche Privatanleger sind allerdings aufgrund ihrer Erfahrungen mit der »New Economy« und der Zertifikatekonjunktur von 2002 bis 2007 zu Recht skeptisch in Bezug auf die Beratungsleistungen ihrer Banken. Hier gilt es auch für die Genossenschaftsbanken, verlorenes Vertrauen zurückzugewinnen.

Ein Zukunftstrend ist hierbei die Honorarberatung. Neben der kleinen Quirin-Bank, die dieses Thema in Deutschland eingeführt hat, wollen auch die Online-Broker Consors und comdirect Honorarberatung anbieten.[40] Aus Sicht des Verfassers sind Asset Management und Honorarberatung Themen, die einer Grundsatzdiskussion und Neuorientierung im Finanzverbund bedürfen. Waren zur Zeit der Gründung der Genossenschaftsbanken bis in die neunziger Jahre des letzten Jahrhundert die Kreditvergabe und einfache Vorsorgeprodukte das Basisgeschäft der Regionalbank, muss heute auch die kompetente Vermögensberatung hinzukommen. Dies geht aber nur über die fachliche Höherqualifizierung von Bankberatern, die eben nicht nur Vertriebsarme der Zentralinstitute sein dürfen, sondern anbieterunabhängig beraten sollten. Stehen die Interessen des Mitglieds der Genossenschaftsbank im Zentrum, muss also auch das Verhältnis insbesondere der Zentralinstitute Union Invest und DZ Bank zu den Regionalbanken überdacht werden.

6. Mitgliedschaftsmodell als Zukunftschance

In einer Welt zunehmender Informationsbeschleunigung und oftmals auch gezielter Desinformation werden Authentizität und

[38] Vgl. Seibert, A. (Fn. 35), S. 37.

[39] Vgl. Seibert, A. (Fn. 35), S. 45.

[40] Vgl. o. V.: Direktbanken testen Honorarberatung, Handelsblatt, 24.07.2009, online unter http://isht.comdirect.de/html/detail/main.html?sSym=COM.ETR&sTab=-news&sNewsId=IDNEWS_113369036:1248440321.

Glaubwürdigkeit zu entscheidenden Stärken im Markt.[41] Kundenbindungsprogramme und Kundenclubs sind seit den neunzig Jahren des vergangenen Jahrhunderts zu einem sich rasch entwickelnden Instrument des Marketings und der Produktpolitik geworden.[42] Der genossenschaftliche Sektor verfügt über 30 Millionen Kunden, davon 16,2 Millionen Mitglieder.[43] Das einzigartige Potential dieser Basis ist bislang nur ansatzweise genutzt.[44] Neben der gesellschaftsrechtlichen Mitgliedschaft lassen sich erweiterte Mitgliedschaftsmodelle – z. B. in der Honorarberatung wie bereits von Quirin praktiziert – konzipieren, die den Regionalinstituten massives Wachstumspotential und stabile, abonnementartige Einnahmen erschließen würden. Voraussetzung ist eine Produktpolitik, die den Privatkunden – vor allem im Asset Management – wieder in den Mittelpunkt stellt.

V. Schlussbemerkung

Der genossenschaftlich organisierte Banksektor hat sich als krisenresistent erwiesen. Organisation und Governance sowie die Geschäftsmodelle in diesem Sektor könnten auch international Anregungen für die Gestaltung von Banksystemen bieten. Die derzeitigen regulatorischen Bemühungen gehen allerdings auch nach der Krise eher in Richtung zentraler, komplexer und oftmals intransparenter Regelwerke als in Richtung eines selbstorganisierten eigenverantwortlichen Systems mit klaren Geschäftsmodellen. Es ist damit zu rechnen, dass der genossenschaftlich organisierte Sektor weiterhin massiver Kritik und existenzbedrohenden Angriffen durch internationale Großbanken, kapitalmarktorientierte Akteure und ihrer Lobby ausgesetzt sein wird.

41 Vgl. Otte, M.: Der Informationscrash – wie wir systematisch für dumm verkauft werden, Berlin 2009.

42 Vgl. Butscher, S.: Handbuch Kundenbindungsprogramme und Kundenclubs, Ettlingen 1998.

43 Vgl. DZ Bank Gruppe (Hrsg.): Zusammen geht mehr. Unternehmenspräsentation, Frankfurt am Main 2009.

44 Vgl. Hammerschmidt, M.: Kundenbindung durch Mitgliedschaft in Genossenschaftsbanken – Identitätsorientierung als strategischer Erfolgsfaktor, Aachen 2003, S. 140 ff.

Es wird massiver Anstrengungen bedürfen, die Existenz dieses deutschen (bzw. österreichischen und schweizerischen) Erfolgsmodells langfristig gegen das internationale Finanzkapital und die Interessen der großen internationalen Finanzakteure zu sichern.

Über den Herausgeber

Prof. Dr. Max Otte

Max Otte ist Experte auf dem Gebiet des wertorientierten Investierens (Value Investing). Seit Jahren setzt er sich für einen nachhaltigen und langfristig ausgerichteten Vermögensaufbau nach Value Investing Kriterien ein und unterstützt insbesondere Privatanleger bei der Umsetzung einer solchen Strategie. Kern seines Anlageansatzes ist dabei das Reinheitsgebot der Kapitalanlage: In ein Depot gehören nur Qualitätsaktien, Anleihen und Termingelder (oder rein aus diesen Zutaten zusammengesetzte Fonds), sowie Edelmetalle. Derivate lehnt Max Otte strikt ab. Für seine Strategie wurde er in den Jahren 2009, 2010 und 2011 zum »Börsianer des Jahres« gewählt.

Kapitalanlagebrief

Das von ihm gegründete Institut für Vermögensentwicklung (IF-VE) verfolgt die internationalen Kapitalmärkte und gibt mit dem **Börsenbrief DER PRIVATINVESTOR** wöchentlich Informationen zu börsennotierten Unternehmen und seiner Anlagestrategie heraus. Der Börsenbrief ist über ein Abonnement erhältlich.

www.privatinvestor.de – Tel: +49 (0)221 998019-14

Vermögensverwaltung und Beratung

In der Privatinvestor Vermögensmanagement GmbH wird die von Prof. Dr. Max Otte entwickelte Strategie in den Bereichen Vermögensverwaltung und -beratung umgesetzt. Für Vermögen ab 200.000 € ist hier eine Betreuung möglich.

www.maxotte.de – Tel: +49 (0)781 919328-50

Anlagefonds nach Methode Otte

Seit März 2008 existiert mit dem PI Global Value Fund (WKN: A0NE9G) der erste Anlagefonds, der exklusiv nach der Strategie von Prof. Dr. Max Otte investiert. Der Fonds erreicht am 14.09.2012 mit einem NAV von 157,44 Euro ein neues Allzeithoch. Die Performance seit Auflegung bis zum 31.12.2012 betrug +55,31%. Der DAX schaffte im gleichen Zeitraum eine Wertsteigerung von +23,13%.*

Der Fonds ist in Deutschland, der Schweiz, Österreich und Liechtenstein für den Vertrieb zugelassen. In Deutschland kann er bei den meisten Banken gezeichnet werden.

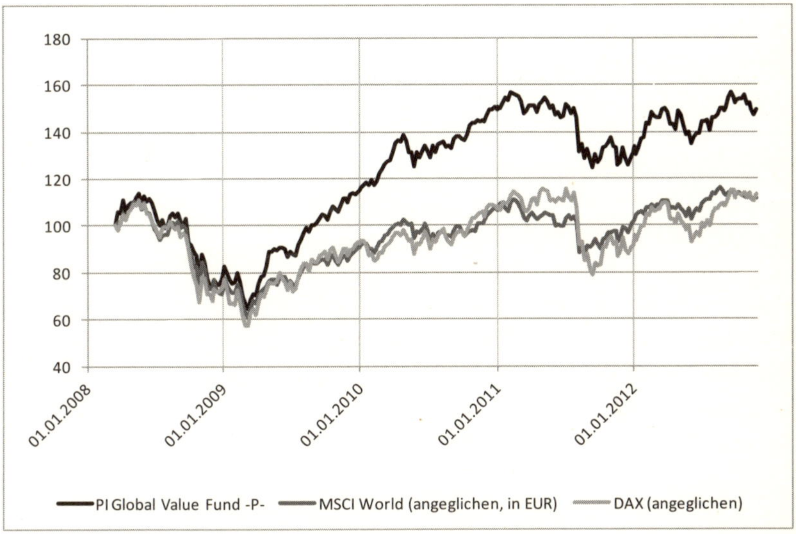

Weitere Informationen zum Fonds erhalten Sie unter:

www.privatinvestor.de

* Hinweis: Frühere Wertentwicklungen sind kein verlässlicher Indikator für die künftige Wertentwicklung. Ausgewiesene Performancedaten entsprechen dem Nettoinventarwert (NAV).

Endlich mit Aktien Geld verdienen

Max Otte

Für viele Deutsche ist es nach wie vor unerklärlich, warum die Banken, die Deutsche Börse und die offizielle Politik den Kleinanleger damals bei der »Volksaktie« so schamlos ins offene Messer laufen ließen. In der Folge ist der Aktienbesitz in Deutschland dramatisch eingebrochen – zu Unrecht, wie Max Otte in diesem Buch deutlich macht. Er plädiert für simple Regeln beim Investieren und schildert in diesem Buch nicht nur seine Erfolgsmethode, sondern gibt auch Einblicke in die Strategien von Warren Buffett, Benjamin Graham und André Kostolany. Dieses Buch zeigt, wie es geht – von der cleveren Aktienauswahl und der richtigen Vermögensaufteilung bis zum optimalen Zeitpunkt für den Kauf oder Verkauf.

304 Seiten | Hardcover mit Schutzumschlag | 22,99 € | ISBN 978-3-89879-631-6
Mehr Informationen zu Investmentthemen finden Sie unter www.portfoliojournal.de

Das Geld der Anderen

Louis D. Brandeis

Louis Brandeis beschreibt in diesem Buch detailliert das Geldkartell vor rund 100 Jahren, die Herrschaftsmechanismen und Machtstrukturen der damaligen Investmentbanker. Als Lösungsansatz schlägt er den USA vor, nach Deutschland, Österreich und die Schweiz zu schauen, und postuliert Banken »von Menschen für Menschen«, wobei er die Genossenschaftsbanken im Blick hatte.

Viele Einzelheiten in diesem Buch mögen zeitgebunden sein, aber die Kernaussagen sind erschreckend aktuell, sodass dieses Buch nach nunmehr 100 Jahren erneut veröffentlicht wird.

208 Seiten | Hardcover | 24,99 € (D) | ISBN 978-3-89879-679-8

Das Ende des Geldes

Adam Fergusson
Hrsg. Max Otte

Nichts bereitet den Anlegern derzeit mehr Sorgen als die immer höhere Inflation. So ist die aktuelle Geldentwertung eine Folge der Finanzkrise, die 2008 ihren Anfang nahm und auch 2012 noch nicht überwunden ist. Nachdem die Leitzinsen bereits verschwindend gering waren, wussten sich die USA und England nicht anders zu helfen, als »Geld zu drucken«. Im Mai 2010 zog Europa und damit auch Deutschland nach. Dass eine solche Entwicklung keineswegs neu ist und was uns noch alles erwarten kann, zeigt dieser Klassiker der Finanzliteratur von Adam Fergusson.

Die Folgen der Hyperinflation sind fast in Vergessenheit geraten — zu Unrecht, wie die aktuelle Situation zeigt. Denn seit dem 09. Mai 2010 ist die Gefahr wieder aktueller denn je.

384 Seiten | Hardcover | 24,99 € (D) | ISBN 978-3-89879-627-9